《曾国藩家书》反映了曾国藩一生的主要活动和他治政、治家、治学、治军的主要思想，是研究曾国藩其人及这一时期历史的重要材料。本书收集及整理了曾国藩家书之精华部分，按年代顺序并合为修身篇、劝学篇、治家篇、理财篇、交友篇、为政篇及用人篇等部分，基本包括了曾国藩一生的主要思想。

（清）曾国藩○著

墨人○主编

曾国藩家书

吉林出版集团股份有限公司

图书在版编目(CIP)数据

曾国藩家书 / (清) 曾国藩著; 墨人主编. -- 长春: 吉林出版集团股份有限公司, 2011.11
(读好书系列)
ISBN 978-7-5463-6936-5

Ⅰ. ①曾… Ⅱ. ①曾… ②墨… Ⅲ. ①曾国藩 (1811~1872) —书信集 Ⅳ. ①K827=52

中国版本图书馆 CIP 数据核字 (2011) 第 219760 号

曾国藩家书
ZENGGUOFAN JIASHU

主　　编	墨　人
出 版 人	吴　强
责任编辑	尤　蕾
助理编辑	杨　帆
开　　本	710mm×1000mm　1/16
字　　数	100 千字
印　　张	10
版　　次	2011 年 11 月第 1 版
印　　次	2022 年 9 月第 3 次印刷
出　　版	吉林出版集团股份有限公司
发　　行	吉林音像出版社有限责任公司
地　　址	长春市南关区福祉大路5788号
电　　话	0431-81629667
印　　刷	河北炳烁印刷有限公司

ISBN 978-7-5463-6936-5　　　　定价:34.50 元

版权所有　侵权必究

前言
QIAN YAN

　　曾国藩是我国历史上毁誉参半的人物,他一生经历了中国衰朽的过程。他在仕途上官运亨通,一直官居要职。他一生严于治军、治家、修身、养性,实践了立功、立言、立德的封建士大夫的最高追求,被后世视为道德修养的楷模。他早年精专学问,学做圣贤,取得不少成绩;后从戎理政,也不失终有所成。曾国藩对他所处的历史时期和后世的中国社会,都产生过重要的影响,尤其是他留下的《曾文正公文集》一书,受到世人的重视。

　　《曾文正公文集》由曾国藩撰写,李鸿章之兄、湖广总督李瀚章编辑,共167卷,最初于1876年刊行,几经刻印,卷数不一。全集包括奏稿、批牍、治兵语录、文集、诗集、杂著、日记、书札、家书、家训等部分。但流传至今,并受世人重视的,亦只有其中的"家书"部分,难怪著名学者南怀瑾在《论语别裁》中说:"清代中兴名臣曾国藩有十三套学问,流传下来的只有一套《曾国藩家书》。"

　　《曾国藩家书》反映了曾国藩一生的主要活动和他治政、治家、治学、治军的主要思想,是研究曾国藩其人及这一时期历史的重要资料。本书收集并整理了曾国藩家书之精华部分,按年代顺序并合为修身篇、劝学篇、治家篇、理财篇、交友篇、为政篇及用人篇等部分,基本包括了曾国藩一生的主要思想。

　　我们经过选定、整理,选取了其中具有独特个性的篇章,赋予我们自己的新的理解,让人耳目一新。我们选取《曾国藩家书》中积极向上的精华部分,有益于孩子成长的内容和故事,展现给小读者们。这些内容中每篇都包括"原文"和"译文",并且"原文""译文"都注有拼音,便于小读者们阅读和理解。让小读者们在阅读的过程中可以充分体会和感悟我们中华民族的传统思想和道德风范。此外,本书配以生动有趣的插图,可以让小朋友们对《曾国藩家书》产生浓厚的兴趣,对此书爱不释手。

编　者

★ 修身篇

致诸弟·劝弟切勿恃才傲物	1
致四弟·与官相见以谦谨为主	7
致九弟·宜自修处求强	12
致九弟·时刻悔悟大有进益	17

★ 劝学篇

禀父母·闻九弟习字长进	23
致诸弟·劝述孝悌之道	27
致诸弟·必须立志猛进	33
致诸弟·读书宜选一明师	39
致四弟九弟·谆嘱瑞侄用功	45

★ 治家篇

禀父母·勿因家务过劳	49
致诸弟·在家宜注重勤敬和	53
致诸弟·勿使子侄骄奢淫逸	59
谕纪泽·宜教家人勤劳持家	65
致四弟·得两弟为帮手	70

★ 理财篇
禀祖父母·请给族人以资助 …………………… 75
致诸弟·节俭置田以济贫民 …………………… 81
致四弟·送银子共患难者 ……………………… 87

★ 交友篇
致诸弟·交友拜师宜专一 ……………………… 92
致诸弟·必须亲近良友 ………………………… 97
致诸弟·切勿占人便宜 ………………………… 100
致九弟季弟·述有负朋友 ……………………… 106

★ 为政篇
禀父母·不敢求非分之荣 ……………………… 110
禀父母·谨遵家命一心服官 …………………… 114
致九弟·为政切不可疏懒 ……………………… 118
致九弟·述弟为政优于带兵 …………………… 123
致四弟九弟·述应诏面陛之策 ………… 127

★ 用人篇
致诸弟·述营中急需人才 ………… 131
致九弟·宜以求才为要事 ………… 138
致九弟·拟保举李次青 …………… 145
致沅弟季弟·随时推荐出色的人 ………… 149

修身篇

致诸弟·劝弟切勿恃才傲物

【原文】

四位老弟足下：

吾人为学，最要虚心。尝①见朋友中有美材者，往往恃才傲物，动谓人不如己，见乡墨则骂乡墨②不通，见会墨则骂会墨③不通，既骂房官④，又骂主考，未入学者，则骂学院。平心而论，己之所为诗文，实亦无胜人之处，不特无胜人之处，而且有不堪对人之处。只为不肯反求诸己，便都见得人家不是，既骂考官，又骂同考而先得者。傲气既长，终不进功，所以潦倒一生，而无寸进也。

余平生科名极为顺遂，惟小考七次始售⑤。然每次不进，未尝敢出一怨言，但深愧自己试场之诗文太丑而已。

至今思之，如芒在背。当时之不敢怨言，诸弟问父亲、叔

父及朱尧阶便知。盖场屋⑥之中，只有文丑而侥幸者，断无文佳而埋没者，此一定之理也。

三房十四叔非不勤读，只为傲气太胜，自满自足，遂不能有所成。京城之中，亦多有自满之人，识者见之，发一冷笑而已。又有当名士者，鄙科名为粪土，或好作古诗，或好讲考据，或好谈理学，嚣嚣然⑦自以为压倒一切矣。自识者观之，彼其所造曾无几何，亦足发一冷笑而已。故吾人用功，力除傲气，力戒自满，毋为人所冷笑，乃有进步也。

诸弟平日皆恂恂退让⑧，第累年小试不售，恐因愤激之久致生骄惰之气，故特作书戒之。务望细思吾言而深省

焉，幸甚幸甚！

国藩手草

道光二十四年十月二十一日

【注　释】

①尝：曾经。

②乡墨：乡试中入选的文章。

③会墨：会试中入选的文章。

④房官：乡试、会试时分房阅卷的考官。

⑤始售：才考中。

⑥场屋：科举考试的地方。

⑦嚣嚣然：狂妄的样子。

⑧恂恂退让：谦恭礼让。

【译 文】

四位老弟足下：

我们研究学问最要虚心。我曾经看见朋友中有好的人才，往往仗着自己的才能傲视一切，动不动就说别人不如自己。见了乡墨便说乡墨不通，见了会墨便说会墨不通。既骂阅卷的考官，又骂主考，没有入学便骂学院。平心静气来说，他自己所写的诗或文，实在也没有什么过人之处，不但没有超过别人的地方，而且还有见不得人的地方。只是因为不肯用对待别人的尺度反过来衡量自己，便觉得别人不行，既骂考官，又骂同考先录取的。傲气既然这么大，当然不能进步，所以潦倒一生，没有一寸长进。

　　我平生在科名方面，非常顺遂，只是小考考了七次才成功。但每次不中，从未敢说过一句怨言，只是深为惭愧，自己的考试诗文太差罢了。今天想起来，如芒刺在背上。那时不敢发怨言，弟弟们问父亲、叔父和朱尧阶就知道了。大概因为考场里，只有文章差而侥幸得中的，绝没有文章好而被埋没的，这有一定的道理。

　　三房十四叔，不是不勤读，只因傲气太过，自满自足，最终没能有所成就。京城之中，也有不少自满的人，有学识的人看见他们，不过冷笑一声罢了。又有当"名士"的，把科名看得和粪土一样，或者喜欢写点古诗，或者喜欢搞点考据，或者好讲理学，十分狂妄，自以为压倒一切。从有学识的人那看来，他们的成就也没有多少，也只好冷笑一声罢了。所以我们用功，去掉傲气，力戒自满，不被别人所冷笑，才有进步。

弟弟们平时都谦恭礼让，但多年小考没有考中，恐怕是因为愤激已久，以致产生骄惰的习气，所以特别写信告诫你们，务必仔细想一想我说的话并深刻反省自己，那样就太好了！

国藩手草

道光二十四年十月二十一日

致四弟·与官相见以谦谨为主

【原 文】

澄弟左右：

沅弟金陵一军，危险异常；伪忠王率悍贼①十余万，昼夜猛扑，洋枪极多，又有西洋之落地开花炮。幸沅弟小心坚守，应可保全无虞②。

鲍春霆至芜湖养病，宋国永③代统宁国一军，分六营出剿，小挫④一次。春霆力疾回营，凯章⑤全军亦赶至宁国守城，虽病者极多，而鲍张合力，此路或可保全。又闻贼于东坝抬船至宁郡诸湖之内，将图冲出大江⑥，不知杨彭⑦能知之否。若水师安稳，则全局不至决裂⑧耳。来信言余于沅弟，既爱其才，宜略其小节，甚是甚是。沅弟之才，不特吾族所少，即当世亦实不多见。然为兄者，总宜奖其所长，而兼规其短。若明知其错，而一概不说，则又非特沅一人之错，而一家之错也。

吾家于本县父母官，不必力赞其贤，不可力诋其非，

读好书系列

与之相处，宜在若远若近，不亲不疏之间。渠⑨有庆吊，吾家必到；渠有公事，须绅士助力者，吾家不出头，亦不躲避。渠于前后任之交代，上司衙门之请托，则吾家丝毫不可与闻。弟既如此，并告子侄辈常常如此。子侄若与官相见，总以谦谨二字为主。

国藩手草

同治元年九月初四日

【注 释】

①悍贼：强悍的敌人。

②无虞：无须忧虑。

③宋国永：湘军将领。

④小挫：小小的失败。

⑤凯章：湘军将领。

⑥大江：这里指长江。

⑦杨彭：杨，杨岳斌，字厚庵；彭，彭玉麟，字雪芹。两人都是湘军将领。

⑧决裂：破败。

⑨渠：他。

【译　文】

澄弟左右：

沅弟在金陵的军队危险异常。伪忠王率领强悍贼兵十

余万人日夜猛扑，有很多洋枪，又有西洋的落地开花炮。幸亏沅弟小心坚守，应该可以保全，没有可忧虑的。

鲍春霆到芜湖养病，宋国永代他统率驻守宁国县的军队，分六营进攻，小败一次。春霆不顾病体，急速回营，凯章全军也赶到宁国守城。虽然病号很多，而鲍、张联合作战，这一路也许可以保全。又听说敌人在东坝抬船到宁国附近的湖内，企图冲出长江，不知道杨、彭二人能否知道？如果水师安稳，全局才不至于破败。来信说我对沅弟，既然爱他的才干，就要不计较他的小节，很对很对！

沅弟的才能，不仅仅我家族中少有，在当今世上也不多见。然而，做兄长的，总应该奖励他的长处，同时规劝他的短处。如果明知他错了却一概不说，那便不是沅弟一人之错，而成我一家之错了。

我家对本县父母官，不必去称赞他的贤良，也不可去说他的不是。与他相处，应保持在若远若近、不亲不疏之间为适宜。他有庆贺或吊唁的事，我家必到；他有公事，需要绅士帮助的，我家不出头，但也不躲避。他对前任后任的变化，上司衙门的请求委托，我家不参与其事。弟弟既然这样做了，还要告诉子侄们都这样。子侄如果与官员相见，要总以谦、谨二字为主。

国藩手草
同治元年九月初四日

致九弟·宜自修处求强

【原　文】

沅弟左右：

接弟信，具悉一切。弟谓命运作主，余所深信；谓自强者，每胜一筹，则余不甚深信。凡国之强，必须多得贤臣工①；凡家之强，必须多出贤子弟。此亦关乎天命，不尽由于人谋。至一身之强，则不外乎北宫黝、孟施舍、曾子三种，孟子之集议而慊②，即曾子之自反而缩也。

惟曾孟与孔子告仲由之强，略为可久可常。此外斗智斗力之强，则有因强而大兴，亦有因强而大败。古来如李斯③、曹操、董卓、杨素④，其智力皆横绝一世，而其祸败亦迥异寻常，近世如陆、何、萧、陈皆予知自雄，而俱不保其终。故吾辈在自修处求强则可，在胜人处求强则不可。若专在胜人处求强，其能强到底与否，尚未可知。即使终身强横安稳，亦君子所不屑道也。

贼匪此次东窜，东军小胜二次，大胜一次，刘潘大胜

一次，小胜数次，似已大受惩创，不似上半年之猖獗。但求不窜陕洛，即窜鄂境，或可收夹击之效。

余定于明日请续假一月，十月请开各缺，仍留军营廪量本戳，会办中路剿匪事宜而已。余详日记中。顺问近好。

国藩手草
同治五年九月十二日

【注　释】

①臣工：臣子。工，属臣。

②慊（qiàn）：不满足。

③李斯：战国末年楚国上蔡人。年轻时曾师从荀卿学习，后来入秦国。秦始皇灭六国，李斯为丞相，定郡县制，下禁书令，统一文字及度量衡。秦二世时，赵高欲专权，诬李斯谋反，李斯被腰斩于咸阳市。

④杨素：隋朝开国大臣，隋炀帝时任宰相，率兵镇压汉王叛乱及主持营建洛阳。

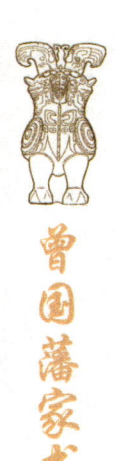

【译　文】

沅弟左右：

接到你的来信，一切情况全部知悉。弟弟说是命运做主，我是相信的；说自强的人每每技高一等，我不太相信。凡是国家强盛，必须有许多贤臣；凡是家族强盛，必须有许多贤能的子弟。这也关系到天命，不全在于人谋。

至于一个人的强大，不外乎北宫黝的勇敢、孟施舍的仁厚、曾子的义理三种，孟子集道义于一身但仍不满足，也就是曾子的反躬自问，屈伸有度。

只有曾子、孟子和孔子告诉仲由的自强，稍微能保持得长久点儿。此外，斗勇斗力的自强，有的因此大兴盛，也有的因此大失败。古来如李斯、曹操、董卓、杨素，他们的智力都横行独秀于一世，他们的祸败也与寻常人大不一样。近代，像陆、何、萧、陈都争强好胜，而都得不到善终。所以我们在自修方面求强是可以的，在与人争胜负时求强就不可以了。如果专门在争强好胜方面逞雄，他能不能逞雄到底还很难预料。即使终身强横安稳，也是君子所不屑一提的。

敌军这次东窜，东面的军队小胜两次，大胜一次，刘、潘的军队大胜一次，小胜几次，敌军似乎已受到重创，不像上半年那么猖獗了。只希望敌军不窜往陕、洛一带，如果窜到湖北境内，或许可以收到夹击的效果。

我定于明日续假一个月，十月请求免去各项官职，仍留刻的木戳一个给军营，会同办理中路剿匪事宜罢了。别的事详细记在日记中，顺问近好。

国藩手草

同治五年九月十二日

致九弟·时刻悔悟大有进益

【原　文】

沅弟左右：

鄂督①五福堂②有回禄之灾③，幸人口无恙，上房④无恙，受惊已不小矣。其屋系板壁纸糊，本易招火。凡遇此等事，只可说打杂人役失火，固不可疑会匪⑤之毒谋，尤不可怪仇家之奸细。若大惊小怪，胡想乱猜，生出多少枝叶，仇家转得传播以为快。惟有处处泰然，行所无事。申甫⑥所谓"好汉打脱牙和血吞"，星冈公⑦所谓"有福之人善退财"，真处逆境者之良法也。

弟求兄随时训示申儆（jǐng），兄自问近年得力，惟有一悔字诀。兄昔年自负本领甚大，可屈可伸，可行可藏⑧，又每见得人家不是。自从丁巳、戊午大悔大悟之后，乃知自己全无本领，凡事都见得人家有几分是处。故自戊午至今九载，与四十岁以前迥不相同，大约以能立能达为体⑨，

读好书系列

以不怨不尤为用⑩。立者，发奋自强，站得住也；达者，办事圆融，行得通也。

吾九年以来，痛戒无恒之弊。看书写字，从未间断；选将练兵，亦常留心。此皆自强能立工夫。奏疏公牍（dú），再三斟酌（zhēn zhuó），无一过当之语、自夸之辞。此皆圆融能达工夫。至于怨天本有所不敢，尤人则尚不能免，亦皆随时强制而克去之。弟若欲自儆惕，似可学阿兄丁、戊二年之悔，然后痛下箴砭（zhēn biān），必有大进。立达二字，吾于己未年曾写于弟之手卷中，弟亦刻刻思自立自强，但于能达处尚欠体验，于不怨尤处尚难强制。吾信中言皆随时指点，劝弟强制也。赵广汉本汉之贤臣，因星变而劾（hé）魏相，后乃身当其灾，可为殷鉴。

默存一悔字，无事不可挽回也。

国藩手草

同治六年正月初三日

【注释】

①鄂督：湖北巡抚官署。

②五福堂：曾国荃在湖北巡抚官署住宅的堂号。

③回禄之灾：火灾。古代传说中的火神名叫回禄。

④上房：长辈或主人的住处，这里指曾国荃一家。

⑤会匪：旧称哥老会等民间秘密组织。

⑥申甫：湘军将领李榕的字。

⑦星冈公：曾国藩祖父的名号。

⑧可行可藏：出自《论语·述耳》，意思是说，出仕就实行所学之道，不被任用就退隐等待时机。

⑨体：本体，原则。

⑩用：运用，方法。

【译文】

沅弟左右：

湖北督署的五福堂遭了火灾，幸亏人没有事，上房也

读好书系列

无事，只是受惊吓不小。那里的房子是木板墙壁加纸糊的，本来容易招火。凡是遇到这种事，只能说是打杂的人失的火，不要怀疑是敌匪的毒计，尤其不要责怪是仇家的奸细干的。如果大惊小怪，胡思乱猜、添枝增叶，那传播起来非常快。只有泰然处之，不当回事，像申甫说的那样，"好汉打脱牙齿和血吞下"，祖父星冈公所说的"有福的人善于退财"，这才是处于逆境的人采用的好办法。

　　弟弟要求我随时训导警告，我自问近年来，得力于一个"悔"字要诀。我过去自负，以为自己的本领大，可屈可伸，能表现也能隐藏，又经常看见别人的不是。自从丁巳、戊午大悔大悟之后，才知道自己没有本领，什么事都看得见别人有几分对的。所以自戊午到现在九年间，与四十岁以前完全不同。大约以能自立自达为根本原则，以不怨天不尤人为处事方法。自立，是发奋自强、站得住的意

思；自达，是办事周到、行得通的意思。

我九年以来，痛下决心改掉没有恒心的毛病，看书写字，从不间断。选将练兵，也常留心。这都是自强自立的功夫。奏疏公牍，再三斟酌，没有一句过头的话，没有一个自夸的词，这都是圆熟到能行得通的功夫。至于说到怨天，本来就不敢；尤人还不可避免，也随时强制自己尽量克服。

弟弟如果想自己警惕，似乎可以学为兄丁巳、戊午两

年的悔悟，然后决心改正，定会有大进步。立达二字，我在己未年（咸丰九年）曾经写在弟弟的手卷上，弟弟也时刻想着自立自强，但对于达字还缺乏体验，对于不怨天尤人，还难以克制。我在信中随时指点，劝弟弟强制自己。赵广汉本来是汉朝的贤臣，因星象变化而弹劾魏相，后来身受其灾，可以作为借鉴。心里暗暗存一个"悔"字，没有什么事不可以挽回。

国藩手草
同治六年正月初三日

劝 学 篇

禀父母·闻九弟习字长进

【原　文】

男国藩跪禀

父母亲大人万福金安。九弟之病，自正月十六日后，日见强旺；二月一日开荤，现全复元矣。二月以来，日日习字，时有长进。男亦常习小楷，以为明年考差①之具。近来改临智永千字文贴，不复临颜柳二家贴，以不合时宜故也。

孙男身体甚好，每日佻（tiāo）达②欢呼，曾无歇息，孙女亦好。浙江之事，闻于正月底交战，仍尔不胜。去岁所失宁波府城，定海、镇海二县城，尚未收复。英夷滋扰以来，皆汉奸助之为虐，此辈食毛践土，丧尽天良，不知

何日罪恶贯盈，始得聚而歼灭。

湖北崇阳县逆贼钟人杰为乱，攻占崇阳、通城二县。

裕制军即日扑灭，将钟人杰及逆党槛（jiàn）送③京师正法，余孽俱已搜尽。钟逆倡乱不及一月，党羽姻属，皆伏天诛，黄河去年决口，昨已合拢，大功告成矣。

九弟前病中思归，近因难觅好伴，且闻道上有虞（yú）④，是以不复作归计。弟自病好后，亦安心不甚思家。李碧峰在寓三月，现已找得馆地，在唐同年李社家教书，每月俸金二两，月费一千。男于二月初配丸药一料，重三斤，约计费钱六千文。男等在京谨慎，望父母亲大人放心，男谨禀。

国藩手草

道光二十二年二月二十四日

【注　释】

①考差：考公职。
②佻达：欢快跳跃。
③槛送：用囚车押送。
④有虞：有忧虑，不平安。

【译　文】

儿子国藩跪着禀告

父母亲大人万福金安。九弟的身体，自正月十六日后，一天天强健起来，二月一日起开始吃荤，现已全部复元。二月以来，天天学习写字，且有所长进。儿子也常习小楷，作为明年考公职的工具。近来改临智永千字文帖，不再临颜、柳两家帖了，因为不合时宜。

孙儿身体很好，每天戏谑欢叫，也不歇息，孙女也好。浙江的事，听说在正月底交战，仍旧没有取胜。去年失守的宁波府城，定海、镇海两县城，还没有收复。英国人滋扰以来，那帮汉奸助纣为虐，这些贼人没有人性，丧尽天良，不知道哪天罪恶贯盈，才得以把他们一举歼灭？

湖北崇阳县逆贼钟人杰作乱，攻占崇阳、通城两县。

裕制军当天平息了叛乱，将钟人杰及其逆党用囚车押到京城正法，余孽已经一网打尽。钟逆作乱不到一个月，党羽姻属，都受到天诛。黄河去年决口，昨日已经合拢，大功告成了。

九弟前段时间生病时想回家，近来因为找不到好的同伴，并且听说路上不平安，所以不准备回家了。弟弟自从病好之后，也安心不想家了。李碧峰在家住了三个月，现在已经找到教书的馆地，在唐同年李社家教书，每个月俸金二两，每月花费一千文钱。儿子在二月初配丸药一料，重三斤，大约花了六千文钱。儿子等在京城谨慎从事，望父母亲大人放心。儿子谨禀。

国藩手草
道光二十二年二月二十四日

致诸弟·劝述孝悌之道

【原文】

澄侯叔淳季洪三弟左右：

五月底连接三月初一、四月十八，两次所发家信。四弟之信，具见真性情，有困心衡虑郁积思通之象。此事断不可求速效，求速效必助长，非徒无益，而又害之。必要日积月累，如愚公之移山，终久必有豁然贯通之候，愈欲速则愈锢蔽（gù bì）①矣，来书往往词不达意，我能深谅其苦。

今人都将学字看错了，若细读贤贤易色②一章，则绝大学问，即在家庭日用之间：于孝悌（tì）③两字上，尽一分，便是一分学，尽十分，便是十分学，今人读书皆为科名起见，于孝悌伦纪之大，反似与书不相关。殊不知书上所载的，作文时所代圣贤的，无非要明白这个道理。若果事事做得，即笔下说不出何妨；若事事不能做，并有亏于伦纪之大，即文章说得好，亦只算个名教中之罪人。

　　贤弟性情真挚，而短于诗文，何不日日在孝悌两字上用功？《曲礼》内则所说的，句句依他做出，务使祖父母父母叔父母无一时不安乐，无一时不用适；下而兄弟妻子，皆蔼然有恩④，秩然有序，此真大学问也！若诗文不好，此小事不足计，即好极亦不值一钱，不知贤弟肯则听此语否？科名之所以可贵者，谓其足以承堂上之欢也，也谓禄仕可以养亲也。今吾已得之矣，即使诸弟不得，亦可以承欢，亦可以养亲，何必兄弟尽得哉？贤弟若细思此理，但于孝悌上用功，不于诗文上用功，则诗文不期进而自进矣。

　　凡作字总须得势⑤，务使一笔可以走千里。三弟之字，笔笔无势，是以局促不能远纵，去年曾与九弟说及，想近

来已忘之矣。九弟欲看余白折,余所写折子甚少,故不付。

地仙为人主葬⑥,害人一家,丧良心不少,未有不家败人亡者,不可不力阻凌云也。至于纺棉之说,中直隶之三河县灵寿县,无论贫富男妇,人人纺布为生,如我境之耕田为生也。江南之妇人耕田,犹三河之男人纺布也。湖南如浏阳之夏布,祁阳之葛布,宜昌之棉布,皆无论贫富男妇,皆依以为业,此并不足为骇异也。第风俗难以遽变,必至骇人听闻,不如删去一段为妙!书不尽言。

国藩手草
道光二十三年六月初六日

【注释】

①锢蔽：禁锢，闭塞。

②贤贤易色：看到有学问的人马上跟他学。

③孝悌：孝顺。

④蔼然有恩：和蔼可亲。

⑤势：笔锋。

⑥主葬：主持丧事。

【译文】

澄侯、叔淳、季洪三弟左右：

五月底连接三月初一、四月十八日两次所发家信，四弟的信，都见真性情，有困心衡虑、郁积思通的气象，这件事决不可以求快，快了便成了揠苗助长，不但没有益处，而且有害。只要日积月累，像愚公移山一样，终有豁然贯通的时候，越快越容易禁锢、闭塞，来信往往词不达意，我能谅解他的苦衷。

今天的人都把学字看错了。如果仔细读"贤贤易色"一章，那么最大的学问，就在家庭日用中间，在孝、悌二字上尽一分，便是一分学，尽十分，便是十分学。今天的人读书，都是为了科名，对于孝、悌、伦、纪的大义，反

而似乎与读书不相干，殊不知书上所写的，作文时代替圣贤说的，无非是要明白这个道理。如果真的事事做到，那么即使笔下写不出来，又有什么关系呢？如果件件事不能做，并且有亏于伦纪之大义，那么即使文章说得好，也只算得一个名教中的罪人。

贤弟性情真挚，而不善诗文，何不天天在孝、悌两字上下功夫？《曲礼》内则所说的，句句依它去做，务使祖父母、父母、叔父母没有一时不安乐，没有一刻不舒适；往下对于兄、弟、妻、子，都和蔼可亲，井然有序，这真是大学问。如果诗文写不好，这是小事不必计较，就是好得不得了也不值钱。不知道贤弟肯听这话吗？科举功名之

所以尊贵，是说它足以承堂上大人的欢心，拿了俸禄可以养亲。现在，我已得到，即使弟弟们不得，也可以承欢，也可以养亲，何必各位弟弟都得呢？贤弟如果细想这个道理，而在孝、悌上用功，不在诗文上用功，那么诗文不希望它进步也自然会进步。

凡写字总要得一种势头，使一笔可以走千里。三弟的字，笔笔没有气势，所以局促而不能远纵。去年曾经和九弟说过，我想是近来忘记了吧。九弟想看我的白折，我所写的折子很少，所以不寄了。

地仙为人家主持丧事，害人一家，丧良心不少，没有不家败人亡的，不可以不极力去阻止凌云。至于纺棉花的说法，如直隶的三河县、灵寿县，无论贫与富，男与女，人人纺布为生，好比我们那儿靠耕田为生一样。江南的妇女耕田，如同三河的男人纺布是一样的。湖南如浏阳的夏布，祁阳的葛布，宜昌的棉布，不论贫富男女，都以此为生计，这并不奇怪。只是风俗难于速变，一定要骇人听闻，不如删去一段为好。信不能够写尽我想说的话。

国藩手草
道光二十三年六月初六日

致诸弟·必须立志猛进

【原 文】

四位老弟足下：

自七月发信后，未接诸弟信，乡间寄信，较省城寄信百倍之难，故余亦不望①。

然九弟前信，有意与刘霞仙同伴读书，此意甚佳。霞仙近来读朱子书，大有所见，不知其言语容止，规模气象②如何？若果言动有礼，威仪可则，则直以为师可也，岂特③友之哉？然与之同居，亦须真能取益乃佳，无徒浮慕虚名。人苟④能自立志，则圣贤豪杰何事不可为？何必借助于人？"我欲仁，斯仁至矣"。我欲为孔孟，则日夜孜孜，惟孔孟之是学，人谁得而御⑤我哉？若自己不立志，则虽日与尧舜禹汤同住，亦彼自彼，我自我矣，何与于我哉？

去年温甫欲读书省城，吾以为离却家门局促之地，而与省城诸胜己者处，其长进当不可限量。乃两年以来，看书亦不甚多，至于诗文，则绝无长进，是不得归咎(jiù)⑥

于地方之局促也。

去年余为择师丁君叙忠，后以丁君处太远，不能从，

余意中遂⑦无他师可从。今年弟自择罗罗山改文，而嗣（sì）后⑧杳无消息，是又不得归咎于无良友也。日月逝矣，再过数年则满三十，不能不趁三十以前立志猛进也。

余受父教，而余不能教弟成名，此余所深愧者。他人与余交，多有受余益者，而独诸弟不能受余之益，此又余所深恨者也。今寄霞仙信一封，诸弟可抄存信稿而细玩之。此余数年来学思之力，略具大端。六弟前嘱余将所作诗录寄回，余往年皆未存稿，近年存稿者不过百余首耳，实无暇抄写，待明年将全本付回可也。

国藩手草
道光二十四年九月十九日

【注释】

①望：埋怨。
②规模气象：品格气度。
③特：仅仅，只是。
④苟：如果。
⑤御：阻止，阻挡。
⑥归咎：归罪于。
⑦遂：于是。
⑧嗣后：后来。

【译文】

四位老弟足下：

自七月发信以后，没有接到弟弟们的信。乡里寄信比省城寄信要难百倍，所以我也不埋怨你们。

然而九弟前次信中说他有意与刘霞仙同伴读书，这个想法很好。霞仙近来读朱子的书，大有所见，但不知道他的谈吐容貌、品格气质怎样？如果真是言语行为合乎礼度，庄重的仪容可以效仿，那么把他当老师也可以，哪里只限于做朋友呢？但和他同住，也要真能受益才好，不要徒然仰慕别人的虚名。一个人假若自己能立志，那么圣贤

读好书系列

豪杰,什么事情不可以做?何必一定要借助别人呢?"我想实行仁,仁便达到了。"我想要做孔、孟,那就日夜孜孜以求,只专心学孔、孟,那谁又能阻止我呢?如果自己不立志,那即使天天与尧、舜、禹、汤同住,也只是他是他,我是我,又与我有何关系?

去年温甫想到省城读书,我以为他离开家庭局促的狭小天地,而和省城那些强过自己的人相处,进步一定是不可限量的。两年以来,他看书也不多,至于诗文,则没有长进,因而不得归罪于地方的局促。

去年我为他选择丁叙忠当老师,后来因丁叙忠那里太

远了,就没有去,我心里便没有其他老师可选了。今年弟弟自己选择罗罗山改文,以后却杳无消息,这就又不得归咎于没有良师益友。时光飞逝,再过几年,你就满三十,不能不趁三十岁前立志猛进。

我受父亲教育,而不能教弟弟成名,这是我深感惭愧的。别人与我交往,多数受到我的益处,而独独几位弟弟不能受益,这又是我深感痛恨的。今寄霞仙的书信一封,各位弟弟可抄下来细细品味,这是我数年来学习思考的力作,规模大体上具备了。六弟嘱咐我把自己的诗抄录寄

回，我往年都没有存底稿，近年存了底稿的不过一百多首，实在没有时间抄写，等明年把全本寄回好了。

　　　　　　　　　　　　　　　国藩手草
　　　　　　　　　　　　道光二十四年九月十九日

致诸弟·读书宜选一明师

【原文】

澄侯、温甫、子植、季洪四位老弟左右：

胡二等于初一日到营，接奉父大人手谕（yù）及诸弟信，具悉一切。兄于二十日自汉口起行，二十一日到黄州。二十二日至堵城，以羊一豕（shǐ）一为文祭吴甄（zhēn）甫师。二十三日过江至武昌县。二十四日在巴河晤郭雨三之弟，知其兄观亭在山西，因属邑失守革职，雨三现署两淮监运使。二十九日至蕲（qí）州，是①日水师大战获胜。

初一初四初五，陆军在田家镇之对岸半壁山大战获胜。初九初十水师在蕲州开仗小胜，十三日水师大破田家镇贼防，烧贼船四千余号。自有此军以来，陆路杀贼之多，无有过于初四之战；水路烧船之多，无有过于十三之役。现在前帮已至九江，吾尚驻田家镇，离九江百五十

里。陆路之贼,均在广济、黄梅一带。塔罗于廿三日起行往剿。一切军事之详,均具奏报之中,兹并抄录寄回,祈敬呈父亲大人叔父大人一览。刘一良于廿日到田家镇,得悉②家中老幼均安,甚慰甚慰!

魏荫亭先生既来军中,父大人命九弟教子侄读书,而九弟书来坚执不肯。欲余另请明师。余意中实乏明师可以聘请,日内与霞仙及幕中诸君子熟商。近处惟罗研生兄,是我心中佩仰之人,其学问俱有本原,于说文音学舆地,尤其所长。而古诗文辞及行楷书法,亦皆讲求有年。吾乡通经学古之士,以邹叔绩为最,而研生次之。其世兄现在余幕中,故请其写家信聘研生至吾乡教读。

研兄之继配陈氏,与耦庚先生为联襟,渠③又明于风

水之说，并可在吾乡选择吉地，但不知其果肯来否？渠现馆徐方伯处，未知能辞彼就此否？若果能来，足开吾邑小学之风，于温甫子植，亦不无裨益④。若研兄不能来，则吾心别无他人。植弟不肯教，则乞诸弟为访择一师而延聘焉为要。甲三甲五可同一师，不可分开，科一科二科四亦可同师，余不一一，诸俟续布。

国藩手草

咸丰四年十月二十二日

【注　释】

①是：这个。
②得悉：得知。
③渠：他。
④裨益：好处，益处。

【译　文】

　　澄侯、温甫、子植、季洪四位老弟左右：

　　胡二等在初一那天到营，收到父亲大人手谕和诸位弟弟的信，知道一切。兄长二十日在汉口起程，二十一日到黄州。二十二日到堵城，杀猪宰羊并作祭文一篇祭奠吴甄甫老师。二十三日过江到武昌县。二十四日在巴河会见郭雨三的弟弟，知道他兄长观亭在山西，因所属邑城失守被革了职务，雨三现担任两淮监运使。二十九日到蕲州，这天水师大战取胜。

　　初一初四初五这几天，陆军在田家镇对岸半壁山大战取胜。初九初十水师在蕲州开仗小胜，十三日水师大破田家镇敌人防阵，烧敌船四千多号。自从有这支军队以来，陆路杀敌之多，没有超过初四那一战的；水路烧船之多，没有超过十三日那一仗的。现在前锋已到九江，我还驻在

田家镇，离九江一百五十里。陆路的敌人，都在广济、黄梅一带。塔罗于二十三日起程去剿。一切军事的详请，都在报告中，现一并抄录寄回，敬呈父亲大人、叔父大人一阅。刘一良在二十日到田家镇，知道家中老幼都平安，十分欣慰。

魏荫亭先生既来军中，父亲大人命九弟教子侄读书，而九弟坚持不肯，要我另外请名师。我心里实无名师可请，近日与霞仙和府幕诸君子反复商量，近处只有罗研生兄，是我心中敬佩仰慕的人，他的学问都有本源，说文音学舆地更是他的长处，而古诗文辞和行楷书法，也讲求多年。我乡通经学古之士，以邹叔绩为最，而研生稍逊一些。他的世兄现在我幕中，所以请他写信聘研生到我乡教书。

研兄与耦庚先生为连襟,他又精通风水学,可在我乡选择吉地,但不知他肯来吗?他现在徐方伯处教书,不知能辞彼就此吗?如果能来,是可以开我乡小学之风的,对温甫、子植也有益处。如果研兄不能来,那么我心中别无他人可选。植弟坚执不肯教,求弟弟们访寻一老师。甲三甲五可同一个老师,不可分开。科一科二科四,也可同师。其余不一一细说,以后再写。

国藩手草
咸丰四年十月二十二日

致四弟九弟·谆嘱瑞侄用功

【原　文】

澄沅弟左右：

纪瑞侄得取县案首①，喜慰无已！吾不望代代得富贵，但愿代代有秀才。秀才者，读书之种子也，世家之招牌也，礼义之旗帜也。谆嘱②瑞侄从此奋勉③加功，为人与为

学并进，切戒骄奢二字，则家中风气日厚。而诸子侄争相濯（zhuó）磨④矣。

吾自受督办山东军务之命，初九十三日两折，皆已寄弟阅看，兹将两次批谕抄阅。吾于廿五日起行登舟，在河下停泊三日，待遣回之十五营，一概开行，带去之六营，一概拔队，然后解维长行，茂堂不愿久在北路，拟至徐州度署。九月问准茂堂还湘，勇丁有不愿留徐者，亦听随茂堂归。总使吉中全军，人人荣归，可去可来，无半句闲话，惹人谈论，沅弟千万放心。

余舌尖蹇涩⑤。不能多说话，诸事不甚耐烦，幸饮食如常耳。沅弟湿毒未减，悬之至！药物断难收效，总以能养能睡为妙！

国藩手草

同治四年五月二十五日

【注释】

①案首：清朝凡县试、府试、院试的第一名，都称为案首。

②谆嘱：谆谆教导，嘱托。

③奋勉：勤奋，勤勉。

④濯磨：效仿。

⑤蹇涩：发涩，说话不流畅。

【译　文】

澄、沅弟左右：

纪瑞侄考中了县的案首，太高兴了！我不奢望代代得富贵，但愿代代有秀才。秀才，就是读书的种子，世家的招牌，礼义的旗帜。嘱咐瑞侄从此更加奋发，为人与为学并进，一定戒骄奢二字，那家里的风气便会日渐淳厚，而子侄们都争相模仿。

我自受了督办山东军务的命令，初九、十三日两折，都已寄给弟弟看，现将两次批谕抄给你看。我于二十五日

起行登船，在河下停泊三天等遣回的十五营，一概开行。带去的六营，一概拔队，然后解维长行。茂堂不愿久在北路，准备到徐州度署。九月问茂堂准备回湖南，士兵有不愿留徐州的，也听其随茂堂回去。总要让吉中全军，人人荣归，可去可来，没半句闲话，惹人家议论，沅弟千万放心。

　　我舌尖发涩，不能多说话，什么事都不耐烦，幸亏饮食还如常。沅弟湿毒没有减轻，我很担心！药物很难收效，总以能养能睡为最适合。

国藩手草

同治四年五月二十五日

治 家 篇

禀父母·勿因家务过劳

【原文】

男国藩跪禀

父母亲大人膝下：十六夜，接到六月初八日所发家信，欣悉一切。祖父大人病已十愈八九，尤为莫大之福！六月二十八日，曾发一信，言升官事，想已收到。冯树堂六月十六日出京，寄回红顶补服①袍褂手钏（chuàn）笔等物。计八月可以到家。贺礼惟七月初五日出京，寄回鹿胶高丽参等物，计九月可以到家。

四弟九弟信来，言家中大小诸事，皆大人躬亲之，未免过于劳苦。勤俭本持家之道，而人所处之地各不同，大人之身，上奉高堂，下荫儿孙，外为族党乡里所模范，千

读好书系列

金之躯,诚宜珍重!且男忝窃卿贰②,服役已兼数人,而大人以家务劳苦如是,男实不安于心。此后万望总持大纲,以细微事付之四弟,四弟固谨慎者,必能负荷③;而大人与叔父大人惟日侍祖父大人前,相与娱乐,则万幸矣!

京寓大小平安,一切自知谨慎,堂上各位大人,不必挂念,余容另禀。

国藩手草

道光二十七年七月十八日

【注释】

①补服：官服。
②忝窃卿贰：侥幸升官。
③负荷：负担。

【译文】

儿子国藩跪着禀告

父母亲大人膝下：十六日晚，接到六月初八日所发出的家信，高兴地知道一切。祖父大人的病已好了十之八九，真是极大的福分。六月二十八日，曾发了一封信，说升官的事，想必已经收到了。冯树堂六月十六日离开京城，寄回红顶官服、袍褂、手钏、笔等东西，预计八月可以到家里。贺礼惟七月初五离开京城，又托他带回鹿胶、高丽参等物品，预计九月可以送到家里。

四弟、九弟写信来，说了家中大小事情，都是父亲亲自管理着，不免过于劳苦了些。勤俭本来是持家的道理，而各人所处地位则不同。父母上要奉养高堂，下要养育子孙，对外要做族党乡里的模范人物，千金贵体，应该对身体十分珍重才好！儿子侥幸升了官职，仆人还有几个，而父母亲操持家务如此辛苦，儿子实在心里不安。以后希望

父母亲总揽大政方针,而将细微的事交给四弟。四弟为人谨慎,必定可以担负重任;而父母亲与叔父大人,只要天天侍候在祖父大人左右,让他开心,那便是万幸了!

在京合家大小都平安,一切都懂得谨慎,堂上各位大人,请不必挂念。其余的另外再禀告吧。

国藩手草

道光二十七年七月十八日

致诸弟·在家宜注重勤敬和

【原 文】

澄侯、温甫、子植、季洪四弟足下：

久未遣人回家，家中自唐二、维五等到后，亦无信来，想平安也。

余于廿九日自新堤移营，八月初一日至嘉鱼县。初五日自坐小舟，至牌洲看阅地势，初七日即将大营移驻牌洲。水师前营、左营、中营自闰七月廿三日驻扎金口。廿七日贼匪水陆上犯，我陆军未到，水军两路堵之，抢贼船二只，杀贼数十人，得一胜仗，罗山于十八、廿三、廿四、廿六等日得四胜仗。初四发折，俱详叙之，兹付回。

初三日接上谕廷寄①，余得赏三品顶戴②，现具折谢恩，寄谕并折寄回。余居母丧，并未在家守制，清夜自思，局蹐（jí）③不安，若仗皇上天威，江面渐次肃清，即当奏明回籍，事父祭母，稍尽人子之心。诸弟及儿侄辈务

读好书系列

宜体我寸心，于父亲饮食起居十分检点，无稍疏忽，于母亲祭品礼仪必洁必诚，于叔父处敬爱兼至，无稍隔阂（hé）。兄弟姒娣（dì）④总不可有半点不和之气。凡一家之中，勤敬二字能守得几分，未有不兴，若全无一分，未有不败。和字能守得几分，未有不兴，不和未有不败者。诸弟试在乡间，将此三字于族戚人家，历历验之，必以吾言为不谬也。诸弟不好收拾洁净，比我尤甚，此是败家气象，嗣后务宜细心收拾，即一纸一缕、竹头木屑，皆宜捡拾伶俐，以为儿侄之榜样。一代疏懒，二代淫佚（yín yì），则必有昼睡夜坐、吸食鸦片之渐矣。四弟、九弟较

勤，六弟、季弟较懒，以后勤者愈勤，懒者痛改，莫使子侄学得怠（dài）惰样子，至要至要！子侄除读书外，教之扫屋、抹桌凳，收粪锄草，是极好之事，切不可以为有损架子而不为也。

国藩手草

咸丰四年八月十一日

【注　释】

①廷寄：清代皇帝的一种密封谕旨，由军机大臣专寄给外省将军、都统、督、抚、钦差等大员。

②顶戴：清代用以区别官员等级的帽饰，用宝石或珊瑚、水晶、玉石、金属等制成，依顶珠品质、颜色的不同而区分官阶大小。

③局踏：形容畏惧。

④妯娣：妯娌（zhóu li）。

【译　文】

澄侯、温甫、子植、季洪四弟足下：

许久没有派人回家，家中自从唐二、维五到后也没有

信来，想必平安吧。

我在二十九日从新堤拔营出发，八月初一日到嘉鱼县。初五日坐小船到牌洲察看地势，初七日便把大营移驻牌洲。水师的前营、左营、中营自闰七月二十三日开始驻扎金口。二十七日敌军分水陆两路进犯，我们的陆军没有到，由水师分两路堵击，抢到敌船两只，杀敌几十人，打了个胜仗。罗山在十八日、二十三日、二十四日、二十六日等几天中，打了四个胜仗。初四发寄奏折，详细叙述经过，现寄回。

初三日接皇上圣旨，我被赏赐了三品顶戴，现在写奏折谢皇上恩典。随信将圣旨和我写的奏折寄回家去。我正在服母丧，并没有在家里守孝，夜深人静的时候，自己想起来，真是局促不安。如果仰仗皇上的天威，江面上的敌人逐渐扫清，我便马上奏请皇上，回家侍候父亲，祭奠母亲，稍微尽为人之子的一点孝心。诸位弟弟和儿侄辈，务必体谅我这一份心意，在父亲饮食起居方面，要十分细心，不要出现什么疏忽。我母亲的祭品必须洁净，礼仪必须诚敬，对叔父那边要做到敬爱双全，没有一点隔阂。兄弟姑嫂之间，不可以有半点不和气。凡属一个家庭，勤、敬两个字，能遵守几分，没有不兴旺的，如果一分都没有遵守，没有不败落的。和字能遵守几分，没有不兴旺的，不和没有不败落的。弟弟们试

着在乡里把这三个字到家族亲戚中去一个一个验证，一定会觉得我说的没有错。弟弟们不爱收拾干净，比我还过分，这是败家的气象。今后务必要细心收拾，无论是一张纸、一根线，还是竹头或木屑，都要捡拾起来，为儿侄辈树个榜样。第一代人如果疏忽懒怠，第二代就会骄奢淫逸，那么就会渐渐出现白天睡觉、晚上打牌、吸食鸦片这些坏事！四弟、九弟比较勤快，六弟、季弟比较懒散，以后勤快的要更勤快，懒散的下决心痛改前非，不要让子孙学坏样子，至关重要啊！子侄除了读书，还要教他们打扫房屋、抹桌椅、拾粪锄草，这都是

很好的事，千万不可认为这会破坏自己的身份而不愿去做。

国藩手草

咸丰四年八月十一日

致诸弟·勿使子侄骄奢淫逸

【原 文】

澄温沅季四位老弟左右：

廿五日著胡二等送家信，报收复武汉之喜，廿七日具折奏捷①，初一日制台杨慰农需到鄂相会，是日又奏廿四夜焚襄河贼舟之捷，初七日奏三路进兵之折，其日酉（yǒu）刻，杨载福彭玉麟（lín）等，率水师六十余船，前往下游剿贼，初九日前次谢恩折，奉朱批到鄂，初十日彭四刘四等来营，进攻武汉三路进剿之折，奉朱批到鄂。

十一日武汉克复之折，奉朱批廷寄谕旨等件，兄署湖北巡抚，并赏戴花翎（líng）②。兄意母丧未除，断不敢受官职，若一经受职，则二年来之苦心孤诣（yì），似全为博取高官美职，何以对吾母于地下？何以对宗族乡党？方寸之地，何以自安？是以决计具折辞谢，想诸弟亦必以为

然也。

　　功名之地，自古难居，兄以在籍之官，募勇造船，成此一番事业，名震一时，人之好名，谁不如我？我有美名，则人必有受不美之名者，相形之际，盖难为情；兄惟谨慎谦虚，时时省惕而已，若仗圣主之威福，能速将江西肃清，荡平此贼；兄决意奏请回籍③，事奉吾父，改葬吾母，久或三年，暂或一年，亦足稍慰区区④之心，但未知圣意果能俯从否？

　　诸弟在家，总宜教子侄守勤敬，吾在外，既有权势，则家中子侄，最易流于骄，流于佚，二字者，败家之道也，万望诸弟刻刻留心，勿使后辈近于此二字，至要至要。

罗罗山于十二日拔营,智亭于十三日拔营,余十五六亦拔营东下也,余不一一,乞禀告父亲大人叔父大人万福金安。

国藩手草

咸丰四年九月十三日

【注　释】

①奏捷:报告好消息。
②花翎:这里代指官职。
③回籍:回家乡。
④区区:这里谦称自己。

【译　文】

澄、温、沅、季四位老弟左右:

二十五日打发胡二等送家信,报告收复武汉的喜讯,二十七日写奏折报捷,初一日制台杨慰农需到湖北相会,当天又报告二十四日晚上烧襄河敌人船只的捷报,初七日上奏三路进兵的折子,这天酉刻,杨载福、彭玉麟等统率水师六十多只战船,前往下游杀敌。初九日,上次谢恩的

折子已奏皇上，朱批送到湖北。初十日，彭四、刘四等来军营，送到进攻武汉三路的折子的朱批。

十一日武汉收复的折子，收到朱批廷寄谕旨等物件，我荣任湖北巡抚，并且赏戴花翎。为兄的意思是，母丧守制还没有到期，决不敢接受官职，如果一经接受了，那么两年来苦心孤诣谋划的战事，好像都是为了博取高官厚禄而为，那如何面对我九泉之下的母亲？如何面对宗族乡党？自己的心，又何以自安？所以决定写奏折向皇上辞谢，我想弟弟们也一定是这么认为吧。

官场这个地方，从古至今，都是一个难待的地方，为兄作为在籍的官员，招募士兵，修造战船，成就这一番功业，名声震动一时，人追求功名的思想，哪个不一样？我

有美名，别人总有得到不好名声的，对比之下，又怎能不难为情呢！为兄只有谦虚谨慎，时刻警惕自己，如果仰仗皇上的威福，能够迅速把江西地区敌人肃清，除掉这些逆贼，为兄决心奏请皇上批准我回家，侍奉父亲，改葬母亲，最长三年，最短一年，也足以稍微使我心里感到安慰，但不知道皇上能够批准吗？

弟弟们在家，总要教育子侄辈遵守"勤敬"二字，我在外，既有了权势，那么家里的子侄最容易骄傲奢侈、放荡不羁。"骄逸"二字，正是败家之道，万万希望弟弟们时刻留心，不要让子侄们亲近这两个字，至关紧要啊！

罗罗山在十二日拔营，智亭在十三日拔营，我十五日、十六日也拔营，准备东下，其余不一一写了，请禀告父亲大人、叔父大人，祝他们万福金安。

国藩手草
咸丰四年九月十三日

谕纪泽·宜教家人勤劳持家

【原 文】

字谕纪泽儿：

胡二等来，接尔安禀①，字画尚未长进。尔今年十八岁，齿②已渐长，而学业未其益。陈岱云姻伯之子，号吉生者，今年入学，学院批其诗冠通场，渠系戊戌二月所生，比尔仅长一岁，以其无父无母，家渐清贫，遂尔③勤苦好学，少年成名。尔幸托祖父余荫，衣食丰适，宽然无虑，遂尔酣豢（hān huàn）④佚乐⑤，不复以读书立身为事。古人云："劳则善心生，佚则淫心生。"孟子曰："生于忧患，死于安乐。"吾忧尔之过于佚也。

新妇初来，宜教之入厨作羹（gēng），勤于纺织，不因其为富贵子女，不事操作。大二三诸女已能做大鞋否？三姑一嫂，每年做鞋一双寄余，各表孝敬之忱，各争针黹之工。所织之布，做成衣袜寄来，余亦得察闺门以内之勤惰也。

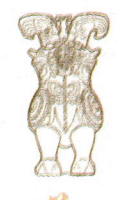

读好书系列

余在军中,不废学问,读书写字,未甚间断,惜年老眼蒙无甚长进。尔今未弱冠,一刻千金,切不可浪掷⑥光阴,四年所买衡阳之田,可觅人售出,以银寄营,为归还李家款。父母在,不有私财,士庶人且然,况余身为卿大夫乎?

余癣(xuǎn)疾复发,不似去秋之甚,李次青十六日在抚州败挫,已详寄沅(yuán)甫函中,现在崇仁,加意整顿,三十日获一胜仗;口粮缺乏,时有决裂之虞,深为焦灼,尔每次安禀,详陈一切,不可草率;祖父大人起居,阖家之琐事,学堂之功课,均须详载,切切此谕!

曾国藩家书

国藩手草

咸丰六年十月初二日

【注 释】

①安禀：写给长辈报告平安的信。
②齿：年龄。
③遂尔：于是。
④酣豢：大吃大喝，尽情吃喝。
⑤佚乐：安乐。佚，同"逸"，安逸。
⑥浪掷：浪费，随便舍弃。

【译 文】

信告知纪泽儿

胡二等来，接到你告安的信，写字笔法还是没有长进。你今年十八岁了，年纪已经大了，但学问还看不到长进。陈岱云姻伯的儿子叫吉生，今年入了学，学院把他的诗作为考试中的第一名。他是戊戌二月生的，比你只大一岁，因为他没有父母，家境逐渐清贫，于是勤学苦练，少年成名。你幸亏依托祖父的余荫，穿的吃的丰盛舒适，心宽没有顾虑，以致你贪恋快乐，不再以读书自立为志向。古人说："勤劳的人会养成好的思想，安逸的人会促长淫乐的心理。"孟子说："处在忧患中，容易使人上进，充满生机；生在安乐中，容易因懈惰而自取灭亡。"我很忧虑

你的过于安逸。

新媳妇初上门，应叫她下厨房熬汤煮饭、纺纱织布，不能因为她是富贵人家出身，就不干事。大、二、三女儿已经能够做鞋子了吗？三个女儿一个儿媳，每年做鞋一双寄给我，各人表一表孝心，各人表演一下她们的针线工夫。所织的布，做成衣袜寄来，我也要观察闺房里面那些人谁勤快谁懒惰。

我在军队里，不停做学问，读书写字，没怎么间断，可惜老了，眼睛昏蒙，没有什么进步。你今年不到二十岁，一刻千金，千万不可以浪费时光。咸丰四年所买衡阳的田地，可找人出售，把银子寄到军营，归还李家的钱。父母在，子女不存私财，老百姓家都这样做，何况我身为公卿大夫呢？

　　我的癣疾复发了，但不如去年秋天那么厉害。李次青十六日在抚州败挫，详细情况见寄沅甫的信中。现在在崇仁，加紧整顿，三十日打了一次胜仗；由于缺乏口粮，随时有断粮的危险，十分焦急，你每次的告安书信，详细陈述一切，不要草草了事，祖父大人的生活起居、全家的琐事、学堂的功课，都要详细记录，要牢记这个嘱咐！

国藩手草
咸丰六年十月初二日

致四弟·得两弟为帮手

【原　文】

澄侯四弟左右：

二十八日，由瑞州营递到父大人手谕，并弟与泽儿等信，具悉一切。

六弟在瑞州，办理一应事宜尚属妥善。识见本好，气质近亦和平。九弟治军严明，名望极振。吾得两弟为帮手，大局或有转机。次青在贵溪尚平安，惟久缺口粮。又败挫之后，至今尚未克①整顿完好。雪琴在吴城名声尚好，惟水浅不宜舟战，时时可虑②。

余身体平安，癣疾虽发，较之住在京师，则已大减。幕府③乏好帮手，凡奏折、书信、批禀均须亲手为之，以是不免有延阁④耳。余性喜读书，每日仍看数十叶⑤，亦不免抛荒军务。然非此更无以自怡也。

纪泽看《汉书》，须以勤敏行之。每日至少亦须看二十页，不必惑于在精不在多之说。今日半页，明日数页，又明日耽搁间断，或数年而不能毕一部。如煮饭然，歇火则冷，小火则不熟，须用大柴大火，乃易成也。甲五经书已读毕否？须速点速读，不必一一求熟。恐因求熟之一字，而终身未能读完经书。吾乡子弟，未读完经书者甚多，此后当力戒之。诸甥如未读完经书，当速补之，至嘱至嘱！

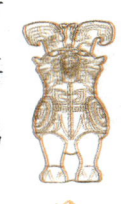

国藩手草

咸丰六年十一月二十九日

【注释】

①克：能够。

②虑：忧虑。

③幕府：古代将帅在外的营帐，后来也指官署。

④延阁：拖延、耽搁。阁，同"搁"。

⑤叶：页。

【译文】

澄侯四弟左右：

二十八日，通过瑞州军营递送到的父亲大人手谕和弟弟、泽儿等的信件，知道一切。

六弟在瑞州办理的所有事宜，还算妥当，见识本来就可以，性格近来也平和了些。九弟管理军队严明，名声很好。我得两位弟弟做帮手，大局或者会有转机。次青在贵溪还算平安，只是长久以来都缺粮食，在打败仗之后，至今部队还没有整顿好。雪琴在吴城，名声还好，只是那儿水浅不适合水战，时刻都令人忧虑。

我身体平安，癣疾虽然复发了，比在京城时，还是大大减轻了。参谋部门缺乏好帮手，凡属奏折、书信、批禀，都要亲手拟就，所以不免延搁了时间。我喜欢读书，

每天仍旧看几十页,也不免将军务生疏了,但不这样便没有使自己怡然自得的东西了。

纪泽看《汉书》,必须遵守勤、敏二字,每天至少看二十页,不必受所谓"在精不在多"说法的迷惑,今天读半页,明天读两页,后天又耽搁、间断,或者几年还读不完一部书。如煮饭一样,歇了火就冷,小了火就不熟,要用大柴大火,才容易成功。甲五经书已经读完没有?必须快点阅读,不必一一求熟,恐怕因为求熟一个字,而终生读不完经书。我们乡下的子弟,没有读完经书的很多,以

后要努力改正。诸位外甥如果没有读完经书,应当马上补读,这是至诚的嘱咐!

国藩手草
咸丰六年十一月二十九日

理 财 篇

禀祖父母·请给族人以资助

【原文】

祖父大人万福金安：

四月十一日由折差第六号家信，十六日折弁（biàn）又到。孙男等平安如常，孙妇亦起居维慎。曾孙数日内添吃粥一顿，因母乳日少，饭食难喂，每日两饭一粥。今年散馆，湖南三人皆留，全馆内共留五十二人，惟三人改部属，三人改知县，翰林衙门现已多至百四五十人，可谓极盛。

琦善于十四日押解到京，奉上谕派亲王三人、郡王一人，军机大臣、大学士、六部尚书会同审讯，现未定案。

读好书系列

梅霖生同年因去岁咳嗽未愈，日内颇患咯血。同乡各京官宅皆如故。

澄侯弟三月初四日在县城发信已经收到，正月廿五信至今未接。兰姊以何时分娩？是男是女？伏望下次示知。

楚善八叔①事，不知去冬是何光景？如绝无解危之处，则二伯祖母将穷迫难堪，竟希公②之后人，将见笑于乡里矣。孙国藩去冬已写信求东阳叔祖兄弟，不知有补益否？此事全求祖父大人作主。如能救焚拯溺③，何难嘘枯④回生？伏念祖父平日积德累仁，救难济急，孙所知者，已难指数。如廖品一之孤⑤、上莲叔之妻、彭定五之子、福益叔祖之母及小罗巷、樟树堂各庵，皆代为筹划，曲加矜恤⑥。凡他人所束手无策、计无复之者，得祖父善为调停，旋乾转坤，无不立即解危，而况楚善八叔同胞之亲、万难之时乎？孙因念及家事，四千里外杳无消息，不知同堂诸叔目前光景。又念及家中此时亦甚艰窘，辄敢冒昧饶舌，伏求祖父大人宽宥无知之罪。楚善叔事如有说法之处，望详细寄信来京。

兹逢折便，敬禀一二，即跪叩祖母大人万福金安。

国藩手草

道光二十一年四月十六日

【注　释】

①楚善八叔：曾楚善，排行第八，是曾国藩的堂叔。他因为负债沉重，被债主逼迫，陷入了窘境，下文提到的"二伯祖母"即曾楚善的母亲。

②竟希公：曾国藩的曾祖父曾竟希。

③溺：沉进水中，喻指陷于危难。

④嘘枯：温暖滋润枯死的植物，比喻扶危济困。

⑤孤：失去父母的孤儿。

⑥矜恤：同情救助。

【译 文】

祖父大人万福金安：

四月十一日，由通信兵发出第六号家信，十六日通信

兵又到，孙儿等平安如常，孙媳妇也起居十分谨慎。曾孙几天内加吃一顿粥，因为母乳不够，饭食难喂，所以每天两饭一粥。今年庶常馆学成的人，湖南三个都留在馆里，共留五十二个，只有三人改部属，三人改知县，翰林院现在已多到一百四五十人，可说是极盛了。

琦善已于十四日押解到京城，奉了皇上谕旨，派了三

个亲王，一个郡王，与军机大臣、大学士、六部尚书会同审讯，现在没有定案。

梅霖生同年因为去年咳嗽没有好，近日咯血。同乡各京官家一切如常。

澄侯三月初四日在县城发信，已经收到，正月二十五日的信，至今没有收到。兰姐什么时候分娩？是男是女？希望下次告知。

楚善八叔的事，不知去年冬天情形怎么样了？如果没有解危的办法，那二伯母必将困苦不堪，竟希公的后人，将被乡里的人见笑了。我在去年冬天已写信去求东阳叔祖兄弟，不知有没有帮助？这件事全靠祖父大人做主。如能救他于水深火热之中，又哪里不可以再生有望？伏念祖父平日积德行善，救济危急，据我所知做过的好事已难以数清，如救助廖品一的孤儿、上莲叔的妻子、彭定五的儿子、福益叔祖的母亲，以及小罗巷、樟树堂各尼庵，都代为筹划，尽力体恤。凡是别人束手无策的，只要祖父出面认真调停，便能扭转乾坤，没有不立即解危的，何况有同胞亲谊的楚善八叔正在万难之中呢！孙儿因想到家中的事，四千里外，杳无消息，不知本家各位叔叔目前情形，又想家中这时也很艰难窘迫，才敢冒昧多嘴，还求祖父大人宽恕我无知的罪过。楚善叔的事，如果有了结果，希望详细写信寄到京城。

正赶上折差的便利,向您禀告一二,跪叩祖母大人万福金安。

国藩手草

道光二十一年四月十六日

致诸弟·节俭置田以济贫民

【原　文】

澄侯温甫子植季洪四位老弟足下：

七月十三日，接到澄弟六月初七所发家信，具悉一切，吾于六月，共发四次信，不知俱收到否？今年陆费中丞丁忧①，闰四月无折差②到，故自四月十六日发信后，直至五月中旬始再发信，宜家中悬望③也，祖父大人之病，日见增加，远人闻之，实深忧惧！前六月廿日所付之鹿茸片，不知何日可到，亦未知可有微功否？

予之癣病，多年沉痛，赖邹墨林举黄芪（qí）附片方，竟得痊愈，内人六月之病，亦极沉重，幸墨林诊治，遂得化险为夷，变危为安。同乡找墨林看病者甚多，皆随手立效。墨林之弟岳屏兄，今年曾到京寓圆通观，其医道甚好，现已归家，予此次以书附墨林家书内，求岳屏至我家诊治祖父大人，或者挽回万一，亦未可知。岳屏人最诚实，而又精明，即周旋不到，必不见怪，家中只须打发轿

读好书系列

夫大钱二千,不必别有赠送,渠④若不来,家中亦不必去请他。

乡间之谷,贵至三千五百,此亘(gèn)古未有者,小民何以聊生?吾自入官以来,即思为曾氏置一义田,以赡救孟学公以下贫民,为本境置义田,以赡救廿四都贫民,不料世道日苦,予之处境未裕,无论为京为官者,自治不暇,即使外放,或为学政,或为督抚;而如今年三江两湖之大水灾,几于鸿嗷(áo)⑤半天下,为大官者,更何忍于廉俸之外,多取半文乎?是义田之耗,恐终不能偿,然予之定计,苟仕宦所入,每年除供奉堂上甘旨外,或稍有赢余,吾断不肯买一亩田,积一文钱,必皆留为义田之用,此我之定计,望诸弟体谅之。

今年我在京用度较大,借帐不少,八月当希六及陈体元捐从九品，九月榜后可付照回，十月可到家，十一月可向渠两家索银，在约共须三百金，我付此项回家，此外不另附银也，率五在永丰，有人争请，予闻之甚喜！特书手信与渠，亦望其忠信成立。

纪鸿已能行走，体甚壮实，同乡各家如常，同年毛寄云于六月廿八日丁内艰，陈伟堂相国于七月初二仙逝，病系中痰，不过片刻即殁（mò）。河南浙江湖北皆展于九月举行乡试，闻江南水灾尤甚，恐须再展至十月，各省大灾，皇上焦劳，臣子更宜忧惕；故一切外差，皆绝不萌妄想，家中亦不必悬盼，书不详尽。

国藩手草

道光二十九年七月十五日

【注　释】

①丁忧：家中有丧事。
②折差：信使。
③悬望：担心。
④渠：他。
⑤鸿嗷：鸿雁的叫声。借指百姓的呼声。

【译文】

澄侯、温甫、子植、季洪四位老弟足下：

七月十三日，接到澄弟六月初七日所发家信，知道了一切，我在六月，共发四次信，不知都收到没有？今年陆费中丞家中有丧事，闰四月没有信使到，所以自四月十六日发信后，直到五月中旬才再发信，使家中担心，祖父大人的病，日见加重，远方游子听了，深感忧惧！前六月二十日所寄的鹿茸片，不知何日可到达，也不知道有没有一点功效？

我的癣疾，是多年旧病，靠邹墨林的黄芪附片方子，竟然全部好了。内人六月得病，也很沉重，幸亏墨林诊治，才得以化险为夷，转危为安。同乡找墨林看病的很多，都随手便好。墨林的弟弟岳屏，今年曾经到京城，住在圆通观。他的医术很好，现已回家，我这次写了一封信附在墨林的家信里，求岳屏到我家诊治祖父大人，或者能挽回万一，也未可知。岳屏人最诚实，又精明，就是照顾不到的地方，一定不会见怪。家中只要打发轿夫大钱二千，不必另外送东西了，他如果不来，家中也不必去找。

乡间的谷子，贵到三千五百，这是自古以来没有的，老百姓何以聊生？我自从当官以来，就想为曾氏家族置办一处义田，以救助孟学公以下的贫民，为本地置办义田，

以救助二十四都贫民，不料世道日子很辛苦，我的处境没有富裕，不要说京官自己治理自己还来不及，就是外放当官，或做学政，或做督抚，而像今年三江两湖的大水灾，几乎是悲惨的哀声响彻半边天，做大官的，又怎么忍心在俸禄之外多拿半文呢？所以义田的愿望，恐怕难以如愿以偿，然而我的计划，官俸收入，每年除供堂上大人的衣食之外，稍有盈余，我决不肯买一亩田，积蓄一文钱，一定都留做义田的资金，我已下决心，希望弟弟们体谅。

今年我在京城花费比较大，借钱不少，八月要为希六和陈体元捐一个从九品官；九月发榜后可把执照寄回，十月可到家；十一月可向他两家要钱，大约共有三百两银子，我付这些回家，此外不另寄钱了，率五在永丰有人争着请，我听了很高兴。特别写了一封信给他，也希望他忠

信自立。

纪鸿已经可以走了，身体壮实，同乡各家如常，同年毛寄云于六月二十八日丁内艰，陈伟堂相国于七月初二仙逝，是中痰病，不到片刻便死了。河南、浙江、湖北都延迟到九月举行乡试，听说江南水灾尤其厉害，恐怕会再延期到十月，各省大灾，皇上焦急劳苦，臣等更应为皇上担忧，所以一切外差，都不存妄想，家中也不必悬盼，信写得不详尽。

国藩手草
道光二十九年七月十五日

致四弟·送银子共患难者

【原　文】

澄弟左右：

余于十月廿五，接入觐（jìn）之旨，次日写信召纪泽来营，厥（jué）后①又有三次信，止其勿来，不知均接到否？自十一月初六接奉两江督任之旨，十六日已具疏恭辞，廿八日又奉旨令回本任，初三日又具疏②恳辞，如再不获命，尚当再四疏辞，但受恩深重，不敢遽（jù）求③回籍，留营调理而已，余从此不复作官。

同乡京官，今冬炭敬，犹须照常馈（kuì）送；昨令李黼（zhù）汉回湘，送罗家二百金，李家二百金，刘家百金，昔年曾共患难者也，前致弟处千金，为数极少，自有两江总督以来，无待胞弟如此之薄者，然处兹乱也，钱愈多则患愈大，兄家与弟家，总不宜多存现银现钱，每年足敷（fū）一年之用，便是天下之大富，人间之大福矣，家中要得兴旺，全靠出贤子弟，若子弟不贤不才，虽多积

读好书系列

银积钱积谷积产积书积衣,总是枉然!

子弟之贤否,六分本于天生,四分由于家教,吾家世代皆有明德明训,惟星冈公之都教,尤应谨守牢记,吾近将星冈公之家规,编成八句云:"书蔬猪鱼,考早扫宝,常设常行,八者都好,地命医理,僧巫祈祷,留客久住,六者俱恼。"盖星冈公于地命医僧巫五项人,进门便恼,即亲友远客久住亦恼。此八好六恼者,我家世世守之,永为家训,子孙虽愚,亦必使就范围也。

国藩手草

同治五年十二月初六日

【注　释】

①厥后：之后，后来。
②疏：上书。
③遽求：马上请求。

【译　文】

澄弟左右：

我在十月二十五日，接到入觐皇上的圣旨，第二天写信招纪泽来军营，之后又有三次信，阻止他来，不知都收

到没有？自十一月初六接奉两江督任的圣旨，十六日已上书恭敬地请辞，二十八日又奉旨令回本任，初三日又上书恳辞，如再不获皇上批准，还要再四上书请辞，但受恩深

重，不敢马上请求回籍，留在军营调理罢了，我从此不再做官。

同乡京官，今年冬天的寒炭费，还要照常放送，昨天令李篛汉回湖南，送罗家二百两，李家二百两，刘家一百

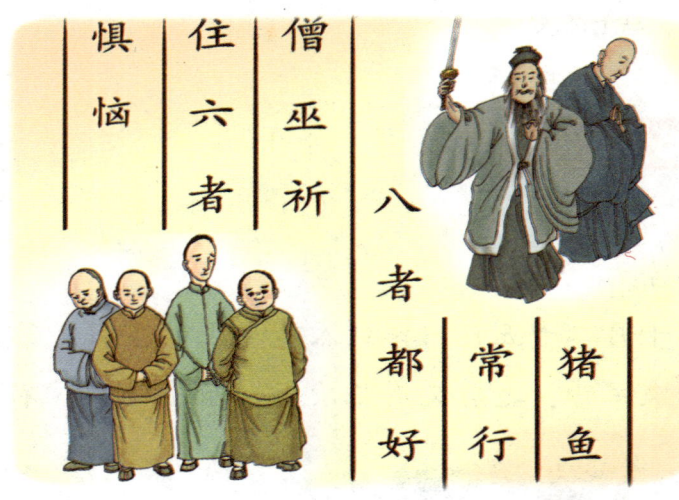

两，他们过去曾经与我共过患难的，之前寄弟弟处的一千两，为数很少，自从有两江总督以来，还没有这样薄待胞弟的，然而处在乱世，钱越多而忧虑越大，兄长家和弟弟家总不宜多存现钱，一年足够一年的用度，便是天下的大富翁，人间的大福气了，家里要得兴旺，全靠出贤子弟，如果子弟不贤不才，即使多积银钱、积谷、积产、积书、积衣，也是空的。

子弟的贤与不贤，六分出于天生，四分来自家教，我家世代都有明德明训，惟有星冈公的教训尤其应该谨守牢记，我近来把星冈公的家规，编成八句话："书蔬猪鱼，

考早扫宝，常设常行，八者都好，地命医理，僧巫祈祷，留客久住，六者俱恼。"因星冈公对于地生、算命先生、郎中、和尚、巫师这五种人，一进门就恼火，就是亲友、远客住久了，也恼火，这个八好六恼，我们家世代遵守，永为家训，子孙虽然愚笨，也一定能使他们行为规范。

国藩手草

同治五年十二月初六日

交友篇

致诸弟·交友拜师宜专一

【原 文】

四位老弟左右：

正月二十三日，接到诸弟信，系腊月十六日中省城发，不胜欣慰！四弟女许朱良四姻伯子孙，兰姊女许贺孝七之子，人家甚好，可贺！惟蕙妹家颇可虑，亦家运也。

六弟九弟今年仍读书省城罗罗山兄处，附课甚好，既以此附课，则不必送诗文于他处看，以明有所专主也，凡事皆贵专，求师不专，则受益也不入，求友不专，则博爱而不亲，心有所专宗，而博观他涂以扩其只①，亦无不可，无所专宗，而见异思迁，此眩（xuàn）彼夺②，则大不可，罗山兄甚为刘霞仙欧晓岑（cén）所推服，有杨生任

光者，亦能道其梗概，则其可为师表明矣，惜吾不得常与居游也。

在省用钱，可在家中支用银三十两，则够二弟一年之用矣，亦在吾寄一千两之内，予不能别寄与弟也，我去年十一月廿日到京，彼时无折差回南，至十二月中旬始发信。乃两弟之信，骂我糊涂，何不检点③至此？赵子舟与我同行，曾无一信，其糊涂更何如！即余自去年五月底至腊月初，未尝接一家信，我在蜀，可写信由京寄家，岂家中信不可由京寄蜀耶？又将骂何人糊涂耶？凡动笔不可不检点。

九弟与郑陈冯曹四信，写作俱佳，可喜之至！六弟与我信，字太草率④，此关系一生福分，故不能不告汝也。

四弟写信,语太不圆,由于天分,吾不复责,余容续布,诸惟心照。

国藩手草

道光二十四年正月二十六日

【注释】

①博观他途以扩其只:遍览他人思想以扩充自己。
②此眩彼夺:这山望着那山高。
③检点:检查自己的过失。
④草率:潦草。

【译文】

四位老弟左右:

正月二十三日,接到弟弟们的信,是十二月十六日在省城所发,不胜欣慰!四弟的女儿许配朱良四姻伯的孙儿,兰姐的女儿许配贺孝七的儿子,人家很好,可喜可贺!只是蕙妹家的情况很值得忧虑,也是家运啊!

六弟、九弟今年仍旧在省城罗罗山处读书,很好,既然在那里读书,就不必送诗文给其他老师看,以表示罗罗

山是专聘老师。任何事情都贵在专一，求师不专，学生就难进步，求友不专，那是大家都亲密而没有至交，心里有专一的宗旨，而遍览他人思想以扩充自己是可以的，没有专一的宗旨而见异思迁，这山望着那山高，则万万不可。罗山兄很为刘霞仙、欧晓岑他们所推崇，有一个叫杨任光的，也能说出他的思想，那他为人师表是当之无愧了，可惜我不能常常和他一起交流。

在省城的用费，可在家里支用三十两银子，两个弟弟的一年用度便够了，也在我寄回家里的一千两内，我不能另外再寄了。我去年十一月二十日到京，那时没有折差回湖南，到十二月中旬才发信。结果，两个弟弟来信，骂我糊涂，为何这样不检点？赵子舟和我同路，一封信也没有

写，那他的糊涂更如何？就是我自去年五月底到十二月初，没有接过一封家信，我在四川，可以写信由京城寄家里，难道家里不可以写信由京城转寄四川吗？那又骂谁糊涂呢？凡是动笔，不可以不斟酌语言。

九弟写给郑、陈、冯、曹的信各一封，写作俱佳，十分可喜！六弟给我的信，字太潦草，这是关系一生福分的事，所以不能不告诉你。四弟写信，语言太不圆熟，是因为天分的关系，我不再责备他，其余的容我以后再写，请各位谅解。

国藩手草
道光二十四年正月二十六日

致诸弟·必须亲近良友

【原文】

四位老弟左右：

四月十六日，曾写信交折弁①带回，想已收到，十六日，朱啸山南归②，托带纹银百两，高丽参一斤半，书一包，计九套。兹因冯树堂南还，又托带寿屏一架，狼兼毫笔廿枝，鹿胶二斤，对联堂幅一包，内金年伯耀南四条，

朱岚暄四条，萧辛五对一幅，江珉山母舅四条，东海舅父四条，父亲横批一个，叔父折扇一柄，乞照单查收，前信言送江珉山东海高丽参六两，送金耀南年伯参二两，皆必不可不送之物，惟诸弟禀告父亲大人送之可也。

树堂归后，我家先生尚未定，诸弟若在省得见树堂，不可不殷勤亲近，亲近愈久，获益愈多，今年湖南萧史楼得状元，可谓极盛，八进士皆在长沙，黄琴坞（wù）之胞兄及令嗣（sì）③皆中，亦长沙人也，余续具④。

国藩手草

道光二十五年四月二十四日

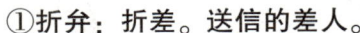

【注　释】

①折弁：折差。送信的差人。
②南归：回到南方。
③令嗣：他的儿子。
④余续具：其余的以后再续。

【译　文】

四位老弟左右：

四月十六日，曾写信交折差带回，我想应该已经收到，十六日，朱啸山回湖南，托他带一百两银子，一斤半高丽参，一包书共九套，因冯树堂回湖南，又托他带寿屏一架，狼兼毫笔二十支，鹿胶二斤，对联、堂幅一包，其中金年伯耀南四条，朱岚暄四条，萧辛五对联一幅，江岷山母舅四条，东海舅父四条，父亲横批一个，叔父折扇一柄，请照单查收。前不久的信上说送江岷山东海高丽参六两，送金耀南年伯参二两，都是不可不送的，只是弟弟们要禀告父亲大人后再送。

树堂回去后，我家老师还没有定，弟弟们如果在省城遇见树堂，不可不殷勤亲近，亲近越久，得益越多。今年湖南萧史楼得了状元，可说是极盛，八个进士都在长沙，黄琴坞的胞兄及其儿子都考中了，也是长沙人，其余以后再写。

国藩手草
道光二十五年四月二十四日

致诸弟·切勿占人便宜

【原　文】

澄侯、子植、季洪三弟足下：

二十五日，接到澄弟六月一日所发信，具悉一切，欣慰之至！发卷①所走各家，一半系余旧友，惟屡次扰人，心殊不安，我自从己亥年在外把戏②，至今以为恨事。将来万一作外官，或督抚③，或学政④，从前施情于我者，或数百，或数千，皆钓饵也。渠若到任上来，不应则失之刻薄，应之则施一报十，尚不足满其欲。故兄自庚子到京以来，于今八年，不肯轻受人惠，情愿人占我的便益，断不肯我占人的便益。将来若作外官，京城以内无责报于我者。澄弟在京年余，亦得略见其概矣。此次澄弟所受各家之情，成事不说，以后凡事不可占人半点便益，不可轻取人财，切记切记！

彭十九家姻事，兄意彭家发泄⑤将尽，不能久于蕴蓄，此时以女对渠家，亦若从前之以蕙妹定王家也。目

前非不华丽，而十年之外，局面亦必一变。澄弟一男二女，不知何以急急定婚若此？岂少缓须臾，恐无亲家耶？贤弟行事，多躁而少静，以后尚期三思。儿女姻缘前生注定，我不敢阻，亦不敢劝，但嘱贤弟少安无躁而已。

……

京寓中大小平安。纪泽读书已至"宗族称孝焉"，大女儿读书已至"吾十有五"。前三月买骡子一头，顷赵炳堃又送一头。二品本应坐绿呢车⑥，兄一切向来俭朴，故仍坐蓝呢车。寓中用度比前较大，每年进项亦较多。其他外间进项尚与从前相似。同乡诸人皆如旧，李竹屋在苏寄信来，立夫先生许以乾馆。余不一一。

国藩手草
道光二十七年六月二十七日

【注 释】

①发卷：也说"发解"，明清时指考中举人。道光十四年（1834年）秋季，曾国藩参加乡试，中第三十六名举人，此后两度赴京应会试，曾得到同乡旧友的帮助。

②把戏：方言词，表示充任公职、当差办事的意思，也是做官的谦词。

③督抚：总督与巡抚的全称。清代总督为地方最高官，总理一省或二三省的军事和民政，例兼兵部尚书衔，属从一品官；巡抚为省级地方政府的长官，总揽一省的军事、民政、吏治、刑狱等，例兼兵部侍郎、都察院右副都御史衔，本属从二品，加衔后为正二品官。

④学政：清代提督学政的简称，清末改称提学使，掌管一省学校生员考课升降事宜，加提督衔，品级略低于巡抚，又称为学台、学院、学宪等。

⑤发泄：挥霍。

⑥绿呢车：用绿呢绒装饰的轿车，为清代二品官之乘舆规格，较蓝呢车豪华。

【译文】

澄侯、子植、季洪三弟足下：

二十五日，接到澄弟六月一日所发的信，知道一切，欣慰之至！考中举人后所走动的各家，一半是我的老朋友，只是多次去打扰别人，心里很不安，我自从己亥年到外面做事，到今天仍然感到遗憾。将来万一做外官，或做督抚，或做学政，以前对我有过恩惠的人，或者几百，或者几千，都像钓鱼的食饵。他如果到我的衙门上来，不答应他的要求吧，那未免太刻薄了，答应他的要求吧，给他十倍的报偿，还不一定能满足他的欲望。所以兄长自从庚子调到京城以来，至今八年不肯轻易受别人的恩惠，情愿别人占我的便宜，决不能去占别人的便宜。将来如果做外官，京城以内，没有人会责备我不报答。澄弟在京城一年多，也大概知道的。这次澄弟所收各家的情，已经结束的事不去说它，以后凡事不可以占人半点便宜，不可轻易受人钱财，一定牢牢记住！

彭十九家联姻的事情，我的意思是彭家家运已到尽头，不可能长久了，这个时候，把女儿许配他家，好比以前把蕙妹许配王家一样。眼前，他家也不是不华丽，但十年之后，这种局面一定会变化。澄弟只有一男二女，不知道为什么要这么急急忙忙定婚？难道稍微迟一刻，就怕找

读好书系列

不到亲家？贤弟做事，毛躁不冷静，以后遇事都要三思而行。儿女姻缘，前生注定，我不敢阻止，也不敢劝勉，不过嘱咐贤弟少安毋躁罢了。

……

京城家里大人小孩平安，纪泽读书已读到"宗族称孝焉"，大女儿读书已读到"吾十有五"。三个月前买骡子一头，不久赵炳堃又送一头。二品官本应坐绿呢车，兄长平时一切俭朴，所以仍旧坐蓝呢车。家中用度，比过去大了，每年收入也多些了。其他收入，还和以前一样，同乡人都照旧。李竹屋从江苏寄信来，说立

夫先生许诺让他在学馆中不做事而白拿薪金。其余不一一写了。

　　　　　　　　　国藩手草
　　　　　　　道光二十七年六月二十七日

致九弟季弟·述有负朋友

【原　文】

沅季弟左右：

湖南之米，昂贵异常，东征局无米解来，安庆又苦于碾碓（niǎn duì）无多，生日[1]不能舂（chōng）出三百石，不足以应诸路之求，每月解[2]子药各三万斤，不能再多；望弟量入为出，少操[3]几次，以省火药为嘱，扎营图

阅悉，得几场大雨，吟昆等营必日松矣，处处皆系两层，前层拒城贼，后层防援贼，当可稳固无虑，少泉代买之洋枪，今日交到一单，待物到即解弟处，洋物机括太灵，多不耐久，宜慎用之。

次青之事，弟所进箴规，极是极是，吾过矣！吾过矣！吾因郑魁士享当世大名，去年袁翁两处，及京师台谏④，尚累疏保郑为名将，以为不妨与李并举，又有郑罪重，李情轻，暨（jì）王锐意招之等语，以为比前折略轻，逮拜折之后，通首读来，实使次青难堪，今弟指出，余益觉大负次青，愧悔无地！余生平于朋友中，负人甚少，惟负次青实甚，两弟为我设法，有可挽回之处，余不惮（dàn）改过也。

国藩手草

同治元年六月初三日

【注 释】

① 生日：每天。
② 解：押送。
③ 操：演练。
④ 台谏：对上级奏折的敬辞。

【译文】

沅弟、季弟左右：

湖南的米，价格太高，东征快没有米解送来营，安庆又苦于没有许多碾碓，每天舂米不超过三百石，不足以供应各路官兵的需求，每月解送子弹、火药各三万斤，不能再多，希望弟弟量入为出，少操演几次，以节省火药，扎营地图已看过了，下了几场大雨，吟昆等处的防守一定会

一天天松懈，到处都是两层，前一层是抵抗城里敌人，后一层是预防支援的敌人，这应当可以稳固，没有危险，少泉代买的洋枪，今天收到一个单子，等货到了马上解送弟弟营中，洋枪机括太灵，多数不耐久用，要慎用。

次青的事，弟弟对我的规劝很对很对，是我的过失！是我的过失！我因为郑魁士享当世大名，去年袁、翁两处，以及京城台谏，还多次上疏保郑为名将，认为失守的事是与郑、李两人同罪的，再者，郑罪重、李情轻，以及皇上锐意招之这些话，以为比前面的奏折分量减轻了，等到拜读了奏折以后，通篇文字，实在使次青难堪，现在弟弟指出来，我更感觉有负于次青，悔愧无地自容！我生平对待朋友很少负人，但有负于次青却太多了，两弟为我想想办法，只要能够挽回，我一定勇于改过。

国藩手草

同治元年六月初三日

为政篇

禀父母·不敢求非分之荣

【原文】

男国藩跪禀

父母亲大人万福金安。九月十七日，接读家信，喜堂上各位老人安康，家事顺遂，无任欢慰！男今不得差①，六弟乡试不售②，想堂上大人不免内忧，然男则以不得为喜。盖天下之理，满则招损，亢则有悔，日中则昃（zè），月盈则亏，至当不易之理也。男毫无学识，而官至学士，频频非分之荣，祖父母皆康强，可谓盛极矣。

现在京官，翰林中无重庆下者，惟我家独享难得之福。是以男悚（sǒng）悚恐惧，不敢求非分之荣，但求堂上大人眠食如常，阖家平安，即为至幸！无以男不得差，

六弟不中为虑，则大慰矣！况男三次考差，两次已得，六弟初次下场，年纪尚轻，尤不必挂心也。

同县黄正斋，乡试当外帘差，出闱（wéi）③即患痰病，时明时昧，近日略愈。男癣疾近日大好，头面全下看见，身上亦好了。在京一切自知谨慎。男谨禀。

国藩手草
道光二十六年九月十九日

【注释】

①得差：派给差事。

读好书系列

②不售：没考中。

③闱：古代科考的考场称做闱。分为春闱、秋闱。

【译文】

儿子国藩跪禀

父母亲大人万福金安。九月十七日，接到并阅读家信，知堂上各位老人身体安康，家务顺心，非常欣慰！儿子今年没派给差事，六弟乡试没有考取，想必堂上大人不免忧虑。然而儿子却以少得差而高兴。因为天下的道理是太满就会招致损失，位子太高容易遭致败亡，太阳当顶便

会西落，月亮圆了就要亏缺，是千古不移的道理。儿子一点学识也没有，做官做到学士，多次得到非分的荣誉，祖父母又都健康，可说是盛极一时了。

现在的京官，翰林里没有喜事频传，只有我家独享这种难得的福泽。因而儿子时刻不安、战战兢兢，不敢谋求非分的荣宠，但求堂上大人睡眠饮食正常，全家平安，就是最大的幸运！千万不要因为我不得差事，六弟没有考中而忧虑，那我就大为安慰了。儿子三次考差，两次得差。六弟初次考试，年纪还轻，更不必挂念。

同县黄正斋，乡试当外帘差，出试场就犯痰病，有时清醒有时不清醒，近日稍微好些。儿子癣疾近日好多了，头上脸上已一点儿看不出，身上也好了。在京城，自己知道一切谨慎。儿谨禀。

国藩手草
道光二十六年九月十九日

读好书系列

禀父母·谨遵家命一心服官

【原 文】

男国藩跪禀
父母亲大人膝下：

昨初九日巳（sì）刻，接读大人示谕，及诸弟信，藉悉一切。祖父大人之病已渐愈，不胜祷祝，想可由此而痊

愈也。男前与朱家信,言无时不思乡土,亦久宦之人所不免,故前次家信亦言之。今既承大人之命,则一意服官,不敢违拗(ǎo),不作是①想矣。昨初六日派总裁房差,同乡惟黄恕皆一人。男今年又不得差,则家中气运不致太宣泄②,祖父大人之病,必可以速愈,诸弟今年或亦可以入学,此盈虚自然之理也。

男癣病虽发,不甚狠,近用蒋医方朝夕治之,渠言此病不要紧,可以徐愈,治病既好,渠亦不要钱,两大人不必悬念。男妇及华男孙男女身体俱好,均无庸挂念。男等所望者,惟祖父大人之病速愈,暨③两大人之节劳,叔母目疾速愈,俾(bǐ)叔父宽怀耳,余容另禀。

国藩手草

道光二十七年二月初十日

【注 释】

①是:像这样的。
②宣泄:破坏,败坏。
③暨:和。

【译 文】

儿子国藩跪禀

父母亲大人膝下：

昨天初九日巳刻，接读大人指示，以及弟弟们的信，借以知道家中一切情形。祖父大人的病已好了许多，真是值得为他祷告和祝愿，想来可以一步步痊愈。儿子上次给

朱家的信，说没有一天不想家，这也是在外做官久了的人所难免的，所以上次家信中也说到。现在既然大人有命令，儿子便一心一意做官，不敢违反慈命，不做这种想法了。昨初六日派了总裁房差，同乡只有黄恕皆一个。儿子今年又不得差，那么家里的气运不至于被破坏，祖父大人

的病，一定可以快好，弟弟们今年也可能入学，这是盈虚的自然道理。

儿子癣病虽然复发了，但不太厉害，近来用蒋医生的药早晚治疗。他说这个病不要紧，可以慢慢地治好，治好了病，他也不要钱，两位大人不必挂念。儿媳妇及孙儿、孙女身体都好，都不要挂念。儿子等所期望的，只是祖父大人的病痊愈，以及两位大人平时节制操劳，叔母眼病快速好转，使叔父宽心。其余容儿子以后再行禀告。

国藩手草

道光二十七年二月初十日

致九弟·为政切不可疏懒

【原 文】

沅浦九弟左右：

初七初八连接二信，具悉一切。亮一去时，信中记封有报销折稿，来信未经提及，或未得见耶？廿六早地孔轰倒城垣（yuán）数丈，而未克成功；此亦如人之生死，早迟时刻，自有一定，不可强也。总理即已接札，则凡承上起下之公文，自不得不照申照行，切不可似我疏懒，置之不理也。

余生平之失，在志大而才疏，有实心而乏实力，坐是百无一成。李云麟之长短，亦颇与我相似，如将赴湖北，可先至余家一叙再往。润公近颇综核①名实，恐亦未必投洽无间也。

近日身体略好，惟回思历年在外办事，愆咎（qiān jiù）甚多，内省（xǐng）增疚②。饮食起居，一切如常，无穷廑（jǐn）念③。今年若能为母亲大人另觅一善地，教子侄略有长进，则此中豁然畅适矣。弟年纪较轻，精力略

胜于我，此际正宜提起全力，早夜整刷④，昔贤谓宜用猛火煮，慢火温，弟今正用猛火之时也。

李次青之才，实不可及，吾在外数年，独觉惭对此人，弟可与之常通书信，一则稍表余之歉忱，一则凡事可以请益。余京中书籍，承濑六专人取出，带至江苏松江府

署中，此后或易搬回。书虽不可不看，弟此时以营务为重，则不宜常看书。凡人为一事，以专而精，以纷而散。荀子称"耳不两听而聪，目不两视而明"，庄子称"用志不纷，乃凝于神"。皆至言也！

国藩手草

咸丰八年正月十一日

【注释】

①核：考察。

②内省增咎：向内省察自己，过错、内疚的事情增多。

③廑念：惦记，惦念。

④整刷：整理。

【译文】

沅甫九弟左右：

初七、初八连接两封信，知道了一切。亮一离去的时

候，信中记封有报销折稿，来信也没有提到，或是没有看见吗？二十六日早晨地道轰倒城墙几丈，而没有成功，这也像人的生死，时间的早与迟，都有定数，不可勉强。总理既然已经接了札，那么凡属承上起下的公文，自然不得不照申照执行，切不可以像我那样疏忽懒惰、置之不理。

我生平的过失，是志大才疏，有实实在在的心愿而缺乏实现心愿的实力，一定会一事无成。李云麟的长处和短处，也和我相似。如果他将去湖北，可到我家见面谈谈再去。润公近来也很注重综合核查名与实，恐怕未必能够融洽没有隔阂。

我近日身体略为好些。只是回想历年在外面办事，过错和颇为内疚的事很多，自己反躬自问，倍增愧疚。饮食起居，一切如常，不劳挂念。今年如果能给母亲大人另外找一块好坟山，教育子侄略有进步，那么我心里便畅快了。弟弟年纪比较轻，精力比我旺盛，这个时候最适合全力以赴，日夜整顿自己的思想。过去的圣贤说要用猛火煮，慢火温，弟弟现在正是用猛火攻的时候。

李次青的才能，别人实在赶不上，我在外面谋事多年，唯独觉得愧对李次青这个人，弟弟可以和他经常通信，一方面稍微表示一下我的歉意，一方面遇到什么事情都可向他请教。我在京城的书都承蒙濑六派专人取出，带到江苏松江府署中，以后容易搬回。书虽说不可以不看，

但弟弟现在以营务为重，不适合经常看书，人但凡做一件事，要专一才能精到，如果专一，就不散漫。荀子说"耳朵不同时听两件事就耳聪，眼睛不同时看两处就明白"，庄子说"集中心志不分散，就凝集成智慧"，都是至理名言！

国藩手草
咸丰八年正月十一日

致九弟·述弟为政优于带兵

【原　文】

沅弟左右：

昨信书就未发，初五在王六等归，又接弟信，报抚州之复①，他郡易而吉安难。余固恐弟之焦灼也，一经焦躁，则心趣少佳，办事不能妥善；余前年所以废弛②，亦以焦躁故尔。总宜平心行气，稳稳办去。

余前言弟之职：以能战为第一义，爱民第二，联络各营将士、各省富绅为第三。今此天暑，因弟体素弱，如不能兼顾，则将联络一层稍为放松。即第二层亦可不必认真。惟能战一层，则刻不可懈。目下濠（háo）沟究有几道？其不甚可靠者，尚有几段？下次详细见告。

九江修濠六道，宽深各二丈，吉安可仿为之否③？弟保同知花翎，甚好甚好！将来克复府城，自可保升太守，吾不以弟得官阶为喜，喜弟之吏才更优于将才，将来或可勉④作循吏，切实做几件施泽于民之事，门户之光也！阿

兄之幸也!

国藩手草

咸丰八年五月初六日

【注　释】

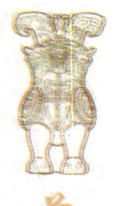

①复：收复。

②废弛：荒废，松弛。

③为之否：可以这样做吗？

④勉：劝勉。

【译文】

沅弟左右：

昨天的信写好了没有发。初五晚上王六等回来，又接到你的信，报告抚州收复的消息，说收复其他郡容易而收复吉安很难。我本来就怕弟弟焦躁，人一焦躁，那心情就不好，办事便不能妥当。我前年之所以那么废弛，也是焦躁的缘故。总要平心静气，稳妥办事。

我前次说弟弟的职责：以能战斗为第一要义，爱民第

二，联络各营将士、各省官绅为第三。现在天气炎热，弟弟身体素来虚弱，如不能兼顾，那么把联络这一点略为放

松。爱民也可不必太认真。只有能战斗这一点，那是时刻不能放松的。现在壕沟究竟有几道？其中不可靠的还有几段？下次来信详细告诉我。

九江修壕沟六道，宽深各两丈，吉安可照办吗？弟弟保举了同知花翎，很好很好！将来收复府城，自然还可以保升太守。我不因为弟弟得官阶而高兴，而欢喜弟弟做官吏的才能高于带兵的才能，将来或者可以做一个刚正廉明的长官，切实做几件对老百姓有实惠的事情，那是我曾家门户的光荣，阿兄的幸运！

国藩手草
咸丰八年五月初六日

致四弟九弟·述应诏面陛之策

【原 文】

沅澄弟左右：

初二接奉寄谕，饬（chì）①沅弟迅速进京陛见，兹用

排单恭录谕旨，咨至弟处。上年十二月，韫斋先生力言京师士大夫于沅弟毫无间言，余知不久必有谕旨片召，特不

读好书系列

料有如是之速。余拟于日复奏一次，言弟所患夜不成寐之病，尚未痊愈，赶紧调理，一俟（sì）②稍痊，即行进京，一面函商臣弟国荃，今将病状详细陈明云云。沅弟奉旨后，望作一折，寄至金陵，附余发折之便更奏。

余意不寐屡醒之症，总由元二年用心太过，肝家亦暗暗受伤。必须在家静养一年或可奏效，明春再行出山，方为妥善。若此后再有谕旨来催，亦须稍能成寐，乃可应诏急出，不审两弟之意，以为何如？筱（xiǎo）荃来抚吾

湘，诸事尚不至在有更张③，惟次青以微罪去官，令人怅怅！沅弟前函有长沙之行，想正值移官换羽之际，难为情也。

国藩手草
同治六年三月初四日

【注　释】

①饬：命令。
②俟：等到。
③更张：变更，变化。

【译　文】

沅弟、澄弟左右：

初二接到朝廷的通知，令沅弟迅速进京谒见皇上。现用排单恭敬地抄录谕旨，发到弟弟处。去年十二月，韫斋先生一再声明京城士大夫对沅弟没有说过一句坏话，我便

知道不久一定有谕旨的征召，但没有料到这么快。我准备在日内复奏一次，说弟弟得了晚上睡不着觉的毛病，还没

有完全好,正在调理,等他略为好转,马上进京。同时发信与弟弟国荃商量,叫他将病情详细陈述。沅弟奉了旨意后,希望写一折子,寄到金陵,附在我的发折后一起复奏。

我的意思,睡不着老醒来的病,都是因为元年二年用心太过度,肝脏也暗暗受伤,必须在家里静养一年,或许可以收到效果。明年再行出山,才算妥善。如果再有谕旨来催,也要略为可以安睡了,才可以应诏急出。不知两位弟弟的意见如何?如果筱荃出任湖南巡抚,诸事还不至于有大的改变。只是次青因小罪丢掉了乌纱帽,令人惆怅!沅弟上次信中说有长沙之行,我想正在移宫换羽的时候,难为情啊。

国藩手草
同治六年三月初四日

用 人 篇

致诸弟·述营中急需人才

【原文】

澄温沅季四位贤弟左右：

于十六日在南康府接父亲手谕，及澄沅两弟纪泽儿之信，系刘一送来；二十日接澄弟一信，系林福秀由县送来，具悉一切。

余于十三日自吴城进扎南康，水师右营后营响道营，于十三日进扎青山。十九日贼带炮船五六十号，小划船百六十号，前来扑营，鏖（áo）战①二时，未分胜负。该匪以小划二十余号，又自山后攒（cuán）出②，袭我老营。老营战船，业已余数出队，仅坐船水手数人，及雇民船水手，皆逃上岸。各战船哨官见坐船已失遂尔慌乱，以致败挫。幸战船炮位，毫无损伤，犹为不幸中之大幸！且左营

定湘营尚在南康,中营在吴城,是日未与其事,士气依然振作。现在六营三千人,同泊南康,与陆勇平江营三千人相依护,或可速振军威。

现在余所统之六军,塔公带五千人在九江,罗山带三千五百人在广信一带,次青带平江营三千人在南康,业已成为三枝,人数亦不少。赵玉班带五百湘勇来此,若独成一枝,则不足以自立,若依附塔军,依附罗军,则去我仍隔数百里之远。若依附平江营,则气类不合,且近来口粮实难接济,玉班之勇,可不必来。玉班一人独来,则营中需才孔亟(jí),必有以位置之也。

蒋益澧(lǐ)之事,后公如此办理甚好,密传其人家详明开导,勒令缴出银两,足以允我人心,面面俱圆,请

苹翁即行速办。但使探骊（lí）得珠③，即轻轻着笔，亦可以速办矣。

此间自水师小挫后，急须多办小划以胜之，但乏能管带小划之人。若有实能带小划者，打仗时并不靠他冲阵。只要开仗时，在江边攒出攒入，眩贼之眼，助我之势，即属大有裨益④。吾弟若见有此等人，或赵玉班能荐此等人，即可招募善驾小划之水手一百余人来营。冯玉河所缴水勇之枪银，及各项应缴之银，可酌用为途费也。

余在营平安，精神不足，惟癣疾未愈，诸事未能一一照管，小心谨慎，冀尽人事，以听天命。诸不详尽，统俟续布。

国藩手草

咸丰五年四月二十日书于南康城外水营

【注释】

①鏖战：激烈的战斗。

②攒出：悄悄出动。

③探骊得珠：冒着生命危险摘取龙下颌的珠子。比喻做文章扣主题，抓住要领。

④裨益：好处。

【译文】

澄、温、沅、季四位贤弟左右：

我于十六日在南康府接到父亲手谕，以及澄、沅两位弟弟、纪泽儿的信，是刘一送来的；二十日接到澄弟一封信，是林福秀由县里送来的，知悉一切。

我于十三日从吴城进扎南康。水师右营、后营、响道营，于十三日进扎青山。十九日，敌人带炮船五六十号，小划船一百六十号前来扑营，激战了两个时辰，不分胜负。敌人又以小划船二十多号，从山后攒了出来，袭击我老营。老营战船，已经全部出队，只剩几个坐船水手以及雇用民船水手都逃上岸了。各战船哨官见坐船已丢失，便慌乱起来，以致吃了败仗。幸亏战船炮位没有一点损失，

是不幸中的大幸！并且左营、定湘营还在南康，中营还在吴城，那天没有参与战斗，士气仍然振作。现在六营三千人，同停靠在南康，与陆军平江营三千人互相依护，或者还可迅速振兴军威。

现在我所统率的大军，塔公带五千人在九江，罗山带三千五百人在广信一带，次青带平江营三千人在南康，已经成了三支部队，人数也不少。赵玉班带五百湘勇来这里，如果单独成一支部队，还不能够自立，如果依附塔军，依附罗军，那离我这里还隔几百里。如果依附平江营，那么气类不合，而且近来口粮实在难以接济。玉班的士兵，可不必来。玉班一个人来，军营中急需人才，一定有他的位置。

读好书系列

蒋益澧的事，后公这么办理很好，秘密传召人家详细开导，勒令缴出银两，可以取得我方人心，面面俱到，请芹翁马上办理。假如能抓住要领，就是轻轻着笔，也可以快办。

这边自从水师小败以后，急需多置办小划船去战胜敌人，但缺乏能管理带领小划船的人，如果有实实在在可以带领小划船的人，打仗时并不靠他冲阵。只要打仗时，在

江边攒出攒入，弄得敌人晕头转向，以帮助我水师造声势，便是大有益处。弟弟如果看见有这种人才，或者赵玉班能推荐这种人才，就可以招募会驾小划船的水手一百多人来军营。冯玉河所缴水军的银子，以及各项应该缴纳的银子，可考虑做路费用。

我在军营平安，精神不足，只是癣疾没有好，许多事情没有能够照应，小心谨慎，希望能够尽人事，以听天命。写得不详细，等以后再续告。

　　　　　　　　　　国藩手草
　　　　　咸丰五年四月二十日书于南康城外水营

致九弟·宜以求才为要事

【原 文】

沅甫九弟左右：

四月初五日得一等归，接弟信，得悉一切。兄回忆往

事，时形悔艾①，想六弟必备述之。弟所劝譬之语，深中机要。"素位而行"②一章，比亦常以自警。只以阴分素亏，血不养肝，即一无所思，已觉心慌肠空，如极饿思食之

状，再加以憧（chōng）扰③之思，益觉心无主宰，怔（zhēng）悸不安。

今年有得意之事两端：一则弟在吉安，声名极好，两省大府及各营员弁，江省绅民，交口称颂，不绝于吾之耳。各处寄弟书，及弟与各处禀牍信缄（jiān），俱详实妥善，犁然④有当，不绝于吾之目。一则家中所请邓、葛二师，品学俱优，勤严并著。邓师终日端坐，有威可畏，文有根柢（dǐ），又曲合时趋，讲书极明正义，而又易于听受。葛师志趣方正，学规谨严，小儿等畏之如神明。此二者，皆余所深慰，虽愁闷之际，足以自宽解者也。

第声闻之美，可恃而不可恃。兄昔在京中，颇著清望，近在军营，亦获虚誉。善始者不必善终，行百里半九十里，誉望一损，远近滋疑。弟目下义名望正隆，务宜力持不懈，有始有卒。治军之道，总以能战为第一义，倘围攻半岁，一旦被贼冲突，不克抵敌，或致小挫，则令望隳（huī）⑤于一朝。故探骊之法，以善战为得珠，能爱民为第二义，能和协⑥上下官绅为第三义。愿吾弟兢兢业业，日慎一日，到底不懈，则不特为兄补救前非，亦可为吾父增光于泉壤矣。

精神愈用而愈出，不可因身体素弱，过于保惜；智慧愈苦而愈明，不可因境遇偶拂，遽尔摧沮。此次军务，如杨、彭、二李、次青辈皆系磨炼出来，即润翁罗翁亦大有

长进;几于一日千里,独余素有微抱,此次殊乏长进。弟当趁此番增识见,力求长进也。

求人自辅,时时不可忘此意。人才至难,往时在余幕府者,余亦平等相看,不甚钦敬。洎(jì)⑦今思之,何可多得?弟当常以求才为急,其阘冗(tà rǒng)⑧者虽至亲密友,不宜久留,恐贤者不愿共事一方也。余自四月来,眠兴较好,近读杜佑《通典》,每日二卷,薄者三卷。惟目力极劣,余尚足支持。

国藩手草

咸丰八年四月初九日

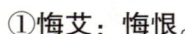

①悔艾:悔恨。

②素位而行:语出《礼记·中庸》,意思是做好自己分内的事。

③憧扰:纷乱不安。

④犁然:妥当的样子。

⑤隳:毁坏。

⑥和协:与……和睦相处。

⑦洎:及。

⑧阘冗:通常写作"阘茸",是庸碌低劣的意思。

【译　文】

沅甫九弟左右：

四月初五，一等人回来，接到你的信，知道一切。兄长回忆过去，时刻悔恨交加，我想六弟一定都跟你说了。

弟弟劝导我的话，深深击中我的心。"素位而行"一章，我眼下也常引以自勉。只是向来阴虚，血不养肝，便是一点儿事不想，还觉得心里慌，肠里空，好像非常饥饿一样，再加上忧心忡忡，更觉得心里没有了主宰，悸躁不安得很。

今年有两件得意的事：一是弟弟在吉安，名声很好，两个省的长官和各营的将士，江西省的绅士，都很称赞，

我经常听到。各处寄弟弟的信,以及弟弟给各处的书札信牍,都详细、实在、妥善,我经常看到。一是家里所请的邓、葛两位老师,品学兼优,又勤教又严管。邓老师整天端端正正坐堂,威仪可畏,文章有根底,而且又能够与时代相结合,讲课很明正义,而又深入浅出;葛老师的志趣方正,教学规矩严谨,小孩们怕他如同怕神明一样。这两件事,都是我深感欣慰的,虽说是愁闷不乐的时候,也足以自宽自解了。

只是声望虽然是令人陶醉的东西,可以依靠又不可以依靠。我过去在京城,也很有声望。近来在军队,也有些虚名。但开始好不一定始终好,走一百里路,走了九十里只能算走了一半,声望一旦下降,远近的人都会产生怀疑。你目前名望正高,务必要坚持不懈,有始有终。治理军队的道理,能战斗是第一要义。如果围攻半年,一旦被敌人冲击突围,不能取胜,或者受到小挫折,那么你的名声只需一个早晨的时间便下落了。所以说带兵的方法,是以会战斗为关键,能爱民为治军第二要义,能与上下官绅和睦相处为第三要义。希望弟弟兢兢业业,一天比一天谨慎,一直到底决不松懈,那不仅为我补救了从前的过失,也可以为我父亲增光于九泉之下。

精神这个东西越用越好用,不可以因为身体虚弱而过于爱惜;智慧这个东西越是苦越闪光,不可以因为偶

然遇到挫折，便急忙自弃。这次军务，如杨、彭、二李、次青他们，都是磨炼出来的，就是润翁、罗翁也大有进步，几乎是一日千里。只有我素来有抱负，这次却太没有进步了。弟弟应该趁这次军务增长见识，力求进步。

求人才是为了辅助自己，时刻不可以忘记这一点。人才难得，过去在我的幕府中的人，我只是平等相待，没有很钦佩，如今想起来，哪里可以多得这些人才啊！弟弟应当常常把访求人才作为当务之急。军营中的庸碌多余的人，就算是至亲密友，也不宜久留，不那样做恐怕真正的贤者不肯前来共事。我从四月以来，睡眠较好，近日读杜

佑的《通典》,每天读两卷,薄的读三卷。只是眼力很差,其余还足以支持。

国藩手草

咸丰八年四月初九日

致九弟·拟保举李次青

【原　文】

沅甫九弟左右：

八月初一日，罗逢元专丁归，接得廿四日信，知弟病渐痊愈复元。自长沙开船后，四十一日不接弟手书，至是始一快慰。而弟信中所云："先一日曾专人送信来兄处者。"则至今尚未到，不知何以耽搁若是？余廿五日自江

西开船，廿六日至瑞洪。廿八日就谢弁之便，寄信与弟。八月初二日至安仁，初四日至贵溪，王人瑞张凯章及萧浚（jùn）川之弟萧启源，均在此相候。初六七可至湖口，沈幼丹李次青良觌（dí）①不远矣。

闽省浦城之贼，于七月上旬中旬，出犯江西，围庆丰玉山两城。次青以一军分守两县，各力战五六日夜，逆贼大创，解围以去。现在广信地方，次青勋名大著②，民望亦孚（fú）③。浙抚晏公，于全浙肃清案内，保举次青以道员记名，遇有江西道员缺出，请旨简放。将来玉山守城内，余亦当优保之，苦尽回甘，次青今日得蔗境④矣。

玉山之贼，窜至复兴婺（wù）源一带，将归并于皖（wǎn）南芜湖，余至湖口，拟留萧军守湖口，而自率张王朱吴国佐进剿围之。崇安贼势日乱，尚或易于得手。

国藩手草

咸丰八年八月初四日

【注　释】

①觌：相聚。

②勋名大著：因建立战功而声名大震。

③孚：使人信服。

④得蔗境：尝到甘蔗的味道了。意思是苦尽甘来了。

【译文】

沅甫九弟左右：

八月初一日，罗逢元派专人回来，接到二十四日信，知道弟弟的病已渐好了，复原了。自从长沙开船以后，四十一天没有接到弟弟的信，到现在才感到快慰。而弟弟信中说："先一天曾经派专人送信到兄处。"那么到现在也还没有到，不知道为什么耽搁这么久？我二十五日从江西开船，二十六日到瑞洪。二十八日，感谢通信兵的方便，寄信给你。八月初二到安仁，初四日到贵溪，王人瑞、张凯章及萧浚川的弟弟萧启源，都在这里等候。初六、七日可到湖口，与沈幼丹、李次青欢聚之日不远了。

福建浦城的敌人，在七月上旬和中旬侵犯江西，围攻庆丰、玉山两座城。李次青的一个军队分别防守两个县，各努力战斗了五六个日夜，敌人受到重创，解了两城的围。现在广信那地方，李次青名声大震，在民众里的名望也日高。浙江巡抚晏公，在全浙肃清的报告中，保举李次青以道员记名，遇到江西道员出缺，便请求圣旨简任他。将来玉山守城报告中，我也要特别保举他，苦尽甘来，李次青现在尝到甘蔗的甜味了。

玉山的敌人，窜到复兴、婺源一带，将归并于皖南芜湖。我到湖口，准备留下萧军守湖口，而自己亲率张、王、朱、吴国佐进攻包围。崇安敌人阵势越来越乱，或者还容易得手。

国藩手草

咸丰八年八月初四日

致沅弟季弟·随时推荐出色的人

【原 文】

沅季弟左右：

辅卿而外，又荐意卿柳南二人，甚好！柳南之笃（dǔ）慎①，余深知之，意卿亮亦不凡。余告筱辅观人之法，以有操守而无官气，多条理而少大言为主。又嘱其求

润帅左郭及沅荐人，以后两弟如有所见，随时推荐，将其人长处短处，一一告知阿兄，或告筱荃，尤以习劳苦为办事之本。引用一班能耐劳苦之正人，日久自有大效。

季弟言出色之人，断非有心所能做得，此语确不可易。名位大小，万般由命不由人，特②父兄之教家，将帅之训士，不能如此立言耳。季弟天分绝高，见道甚早，可喜可爱！然办理营中小事，教训弁勇③，仍宜以勤字作主，不宜以命字谕④众。

润帅先几⑤陈奏，以释群疑之说，亦有函来余处矣。昨奉六月二十四日谕旨，实授两江总督，兼授钦差大臣，恩眷（juàn）⑥方渥（wò），尽可不必陈明。所虑者，苏常淮扬，无一支劲兵前往，位高非福，恐徒为物议⑦之张本耳。余好出汗，沅弟亦好出汗，似不宜过劳。

国藩手草
咸丰十年七月初八日

【注　释】

①笃慎：忠厚谨慎。笃，厚。
②特：只是，不过。
③弁勇：官兵。
④谕：教导，教诲。

⑤先几：预先洞察细微。
⑥恩眷：皇帝的恩宠眷顾。
⑦物议：众人的议论。

【译　文】

沅弟、季弟左右：

除辅卿以外，又推荐意卿、柳南两位，很好！柳南的

诚笃谨慎，我很了解，意卿看来也不同凡响。我告诉筱辅观察人的方法，主要是有操守而没有官气，办事有条有理而不是口出狂言。又嘱咐他求润帅、左、郭以及沅弟推荐人才，以后两位弟弟如果有所发现，随时推荐，把所推荐

读好书系列

人才的长处短处，一五一十告诉我，或者告诉筱荃，尤其是习惯于劳苦为办事的根本。起用一班能吃苦耐劳的正人君子，日子久了自然可以看见大的效应。

季弟说出色的人，绝不是有心就能做得出来的，这话是至理名言不可更改。名位的大小，都是由天命而不由人定的，只是父兄教育家庭，将帅训导士兵，不能这么说罢了。季弟天分很高，悟道很早，可喜可爱！然而办理军营中的小事，教训士兵，仍然以劝导为主，不适宜以命令口吻来训谕大家。

润帅几次陈奏，以释大家疑团的说法，也有信到我这里。昨天奉六月二十四日的谕旨，实授两江总督，兼授钦差大臣，皇上的恩典如此隆重，我受到信任，尽可以不必

陈明。我所忧虑的是，苏、常、淮、扬没有一支强有力的部队去。地位高不是福气，恐怕只会成为人们议论的话题。我喜欢出汗，弟弟也喜欢出汗，似乎不适宜过分劳累。

国藩手草
咸丰十年七月初八日